北京市少年科学院"小院士"课题评选

北京第二实验小学分册

U0802924

"小·院士"成长札记 2018

甄 奕 闫莹莹 / 主编

中国环境出版集团 · 北京

图书在版编目（CIP）数据

“小院士”成长札记，2018 / 甄奕，闫莹莹主编．—
北京：中国环境出版集团，2019.4
（北京市少年科学院“小院士”课题评选．北京第二
实验小学分册）
ISBN 978-7-5111-3950-4

Ⅰ．①小… Ⅱ．①甄… ②闫… Ⅲ．①科学技术－活
动课程－小学－教学参考资料 Ⅳ．① G624.63

中国版本图书馆 CIP 数据核字 (2019) 第 069634 号

出 版 人　武德凯
责任编辑　殷玉婷　沈　建
责任校对　任　丽
装帧设计　宋　瑞

出版发行　中国环境出版集团
（100062　北京市东城区广渠门内大街 16 号）
网　　址：http://www.cesp.com.cn
电子邮箱：bjgl@cesp.com.cn
联系电话：010-67112765（编辑管理部）
发行热线：010-67125803，010-67113405（传真）
印　　刷　北京中科印刷有限公司
经　　销　各地新华书店
版　　次　2019年4月第1版
印　　次　2019年4月第1次印刷
开　　本　787×1092　1/16
印　　张　10.5
字　　数　200 千字
定　　价　50.00 元

策划与支持：

周又红名师工作室

北京第二实验小学

中国科学教育促进会

北京市西城区青少年科学技术馆

组稿组（按姓氏笔画排序）：

马　兰　王　喆　冯量达　白思邈　刘浩然　孙涵博

闫莹莹　李雪梅　杜欣恬　杨海燕　陈嘉莘　周又红

周家旭　赵　溪　赵　鹤　郝　冀　殷梓盛　甄　奕

谭奕朗　霍华美

序一

北京第二实验小学有着109年的悠久历史，为祖国培养出一批批各个领域的专业人才。百年来，科技教育一直作为学校教育的重要构成部分，因为历任实验二小的校长和全体二小人都认为：科技教育是我们培养创新人才的奠基工程。

面对6岁到12岁的小学生，北京第二实验小学的教师经常思考科技教育的目的和意义是什么？学生创新意识、创新精神、创新习惯和创新思维的培养无疑是我们工作的核心。在这个培养的过程中应该体现抓进、抓小、抓实、抓持。为什么是“进”而不是“近”？因为抓进、抓深是可以让学生能够找得到、能够感受得到的。要抓小、抓实，不抓则已，抓就要抓出成效。还有就是“持”，持就是要持久，教育效果，不是一蹴而就、一朝一夕就会立竿见影的，因此要长期坚持。

在组织学生参与科技活动的时候，我们一贯注重突出“创新改变生活”“关注生活中的小问号”，突出：主体性、全员性、常态性、广泛性、整合性和立体性，这六性是结合着小学生的年龄特点，又结合着教育自身的规律。小学生的科学研究必须植根于他们的生活实际，鼓励他们发现身边的问题。我们在每个学期末都会布置假期科技活动，引导学生经历参观、考察、记录、交流等体验，发现生活中适合研究的“小问号”，带领学生经历科学研究的思题、问题、选题的过程，为后续帮助学生自主完成解题、结题做好准备，这是引导学生主动探究生活问题、发现课题生长点的最直接途径。

北京第二实验小学是“北京少年科学院小院士课题研究”项目的长期的、积极的参与者、推广者、支持者。从科学课程设计、“城宫计划”活动设计、学生科学研究项目、教师科研能力培养、国家教育科研立项等多角度进行相互合作。

本书是北京第二实验小学独立出版的“小院士”系列中的第三本，充分彰显出学校对科技教育工作的细致入微。在这本“小院士”手册中，我们可以从学生日常科研活动：“工作日志”的记录细节，以及学生对于整个研究项目“流程设计”的整体把握等不同角度，看到学校为学生打下科学研究的扎实功底。多学科的融会贯通以及常抓不懈的科技教育培养，才能成就创新型人才。

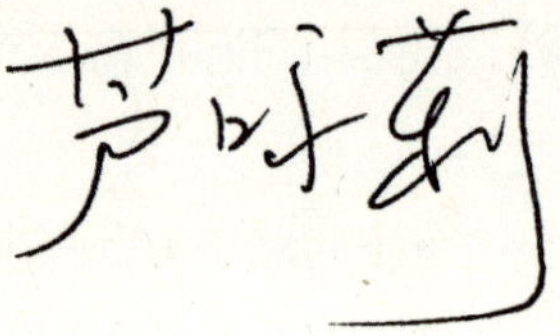

2018 年 11 月

序二

引导我们的孩子热爱科学

一、承担科学的理想、职责和未来

每一代人都有自己的担当，那是历史赋予他们的责任。参与科技创新是当今孩子们的担当，教育孩子们真正理解自己的担当，能够去承担科学的理想、职责和未来，是教师们义不容辞的责任。引导孩子们热爱科学，帮他们打开科学之门，为他们搭建探索的创新之桥，是科技教师们永远的追求。

二、感受科学的严谨、实用和纯真

科技创新最强劲的“内驱力”源自对科学精神的坚守与追求。它们是：批判和怀疑的精神、实践和探索的精神、创造和创新的精神、平权和团队的精神、社会和人文的精神。特别是求真务实的批判精神，是许多科学家的共同认知和共同特点。

当前，孩子们经常参加各种科技创新活动，会有一些孩子的成果得到一定层面上的认可。但孩子们一定要理解，成绩绝非组织者的终极目标和科学教育的本质，目的不纯的“荣誉诱因”不是培养创新人才成长的“良药”，很可能成为桎梏人才的“枷锁”。爱因斯坦用一生的行动实践了自己的诺言：“照亮我的道路，并且不断地给我新的勇气去愉快地正视生活的理想，是善、美和真。人们努力追求的庸俗的目标——财产、虚荣、奢侈的生活，我总觉得都是可鄙的！”孩子们通过创新活动，去理解、向往科学世界的纯净，感受科学的严谨、实用。创新人才不但是一个勇攀世界科技高峰的“盗火者”，还是涤荡社会浮躁风气的“清洁工”。这也正是“小院士”活动的理念：学习真科学、真的学科学。

三、接受科学的方法、工具和研究成果

青少年的科技创新活动非一气呵成、一挥而就的事情，需要持之以恒、坚持不懈的努力，其中接受正确的研究方法指导是十分必要的。科技教师是科技活动的灵魂，教师的能力、修养、脾气秉性甚至个人魅力都对学生起着非同小可的作用，特别是科技教师所具备的开拓意识、科研意识、信息意识和领导意识都是非常重要的。参与“小院士”课题研究活动，让师生们共同成长，可以说科技教师能力的提高不亚于学生。因此，科技教师需要：

（一）掌握指导孩子们做合格小科学家的宝典

源于生活——多走、多看，善于发现——有心、有意；

乐于钻研——好学、好问，肯于实践——动手、动脑；

敢于创造——探索、探究，勤于总结——吸纳、归纳。

（二）创造条件、多样发展

多学习——扩大自己的知识面，使自己能够很好地理解科学方法，做到学无止境；

多动脑——人的大脑有很大潜力，教师要发挥自己的发散思维，开动脑筋，灵活思辨；

多设计——要理解一项科学研究，具有多方面的设计方法，可以取长补短；

多反思——经常思考我们还能够做什么，还有没有更好的方法。

（三）常问、常想，常做、常新

新观点——克服思维定式，对已经习惯的事情，大胆挑毛病、找问题；

新角度——巧妙重复已有的科学研究，站在巨人的肩上工作，让老树开新花；

新发现——利用自己独特的视角，推陈出新，一切向前看；

新技术——应用现实新发展的方法研究老问题。

四、尝受科学的艰辛、苦涩和困惑

科学虽美丽，但过程很艰辛。有句话很准确：“千万次的失败属于自己，一次成功则属于全人类。”还有人说“科学创新是一个高风险行业，历经千万次失败却难以成功一次， 穷其毕生拼搏亦恐无果而终”。 孩子们都天生具有科学家的潜质。科技教师的工作是要将孩子们培养成为真正的科学家，这不是一件轻松容易的事情。很多热衷于参加科技创新的师生经常感到入门难、选题难。具体分析及对策如下。

编号	问题	对策	分析
1	没有强大的科技背景	真实发展	要正视自己的实际力量，反映自己真实的现状，不要追高，要从容开展适度的科学探究。我自己家庭没有任何科技背景，但是我一直这样要求自己，也就有了自己的工作空间，否则广大的教师群体都无法参加到科技教育工作中
2	自认条件差，信心不足在观望	切实展现	每个人都有自己独特的工作作风和教学风格，有自己最为胜任的一面。不必向别人学，向科学家看齐，要站在自己非常实际的地位思考问题，不要好高骛远
3	专家给的研究题目能尽快获奖	扎实工作	在开展科学研究方面，没有“阳春白雪”式的题目，只有扎扎实实严谨的工作态度，以工作量、准确度令人折服、信服
4	急于求成，找途径能快点成功	老实做事	要理解科技教育的实际意义，本着学习、探讨、研究、交流的态度，不为功利所诱惑，走自己的路。我坚持 30 多年的科技教育一线工作，一步一个脚印地走来，其中乐趣无穷

五、享受科学的美好、神奇和趣味

要让孩子们理解，科学的每一次发现、技术的每一次发明都会给人们带来无与伦比的快乐。可能研究的过程会历经无数次失败，然而一次成功，会为人类带来无限的光明、温暖和希望，那种幸福和美好难以言表。当孩子自己放飞了一架小飞机、做好了一台机器人、完成了一个科学小论文、撰写了一条科学建议……都会在孩子们幼小的心灵深处荡漾出美好的感情、实践的豪情、探索的热情和持久的深情，那就是一种享受，享受科学带来的美好、神奇和趣味。

周又红名师工作室

2017 年 1 月

简介

北京市少年科学院“小院士”课题研究评审活动

在全国少工委、中国少年科学院的指导下，在北京少年科学院、西城区教委的大力支持下，西城区青少年科技馆、周又红名师工作室本着为全市少年儿童提供走进科学、认识科学、理解科学的广阔空间，促进北京市少年儿童科学素养的提高，让越来越多的孩子体验科学的无穷魅力，依托科技馆新馆的硬件优势、师资优势以及开展科技教育活动的经验优势， 开展了“小院士”课题研究评审活动。

一、指导思想

以培养青少年创新精神和实践能力为重点，以科学体验活动为途径，以少年儿童校内外教育阵地为依托，利用多种社会资源，对少年儿童进行科学知识与技能、科学精神与态度、科学方法与能力、科学行为与习惯的培养。

二、主要任务

将科技培训、科技实践、科技竞赛相结合，通过培训、实践、竞赛等活动向少年儿童普及科学知识，发现和培养优秀少年科技人才，建设科技教育培训和科学体验组织阵地，开展校外科技教育理论研究，举办国内外少年儿童科技交流，培训科技教师，建立并完善科技教育专家和导师团队。

三、具体工作内容

▲ 开展“小院士”课题研究评选获奖作品展示交流活动；

▲ 运作和组织青少年科学考察及社会实践活动；

▲ 开展科技教师专题培训和青少年专项科研辅导；

▲ 开展北京地区“小院士”课题研究评选活动；

▲ 开展“科技创新教育论坛”活动。

北京市少年科学院“小院士”课题研究评审作品征集要求及评审办法

“小院士”课题研究评审活动是在科技创新教育的主题下，面向全体中小学生开展的以培养青少年的科学知识与技能、科学精神与态度、科学方法与能力、科学行为与习惯为目标的一项科技创新教育活动。其作品征集要求及评审办法如下。

一、申报

（一）申报要求：凡在当年自主完成的课题研究项目（论文或发明），并且未参加过北京市少年科学院“小院士”课题研究评审的作品。

（二）作者要求：作者需为中小学校（包括职业中学、特殊教育学校）的在校学生（从小学一年级至高中三年级），不能跨区县报名，跨学校合作只能与科技馆、少年宫、儿童中心合作完成。

（三）申报材料：申报人如实填写《北京市少年科学院“小院士”课题研究评审申报表》，推荐单位签署意见、加盖公章，申报人、指导教师亲笔签名，同时提供《课题研究论文》或《发明成果报告》原文一份，需用A4纸打印。另外，提供课题研究过程和发明过程的原始材料一份（可以是复印件）及研究过程照片至少4张，发明作品实物照片或演示视频一份。

（四）申报方式：每个项目将上述申报材料统一装在一个档案袋中，将《北京市少年科学院“小院士”课题研究评审申报材料》页（附件一）贴在档案袋外面，以学校为单位统一报送北京市少年科学院“小院士”课题研究活动组委会。同时填写《北京市少年科学院“小院士”课题研究评审申报项目及信息汇总》，打印一份加盖公章并将清单电子版拷入U盘一并报送，现场拷贝审核信息后将U盘带回。

报送地点：西城区青少年科技馆（月坛北街3号），名师工作室（202室）。

（五）有关要求

1. 申报应坚持实事求是的态度。一旦发现弄虚作假或剽窃，立即取消其评审资格，并将情况通知其所在单位或上级主管部门。

2. 递交的作品有明显科学常识性错误的，取消参评。

3. 每名学生只准许申报一个项目。

4. 所有申报者必须是作品的合法拥有者，具有完整的知识产权。

5. 申报的材料不退还，也不复函。

二、评审

评审分为初评和终评，终评包括现场答辩和创意展示。

（一）初评

组委会将聘请中国少年科学院专家组内相关专家及相关专业人士参与评审。根据中国少年科学院课题研究评审要求将申报的项目分为四个方向：发明创造、科学探究、社会调查、创意设计；四个组别：小学低年级组（1～3年级）、小学高年级组（4～6年级）、初中组、高中组，集体项目参与的人数不得超过3人，如果选手分别为不同年级，则按照其中最高年级划分组别；每一项目辅导教师最多不得超过3人。终评将从初评中选取优秀项目参与终评答辩和展示活动。

（二）终评

终评答辩和终评创意展示同时进行，初评结束后我们会尽快将进入终评的项目名单、具体分组、时间、要求等发到各申报学校负责教师的邮箱。

答辩展示时间：****

1. 终评答辩

答辩程序：先抽签确定答辩的次序，然后由选手借助 PPT（或视频等）对作品进行简要介绍。

介绍时间：小学 3 分钟、中学 5 分钟。

介绍要点：结合附件一项目简介（注意：PPT 和选手介绍不要出现学校名称、选手姓名、辅导教师姓名等信息）专家评审小组对其进行适当的提问，选手进行解答（4 分钟）。

创新发明项目，答辩时带实物并演示。

为了体现大赛的公平、公正原则，我们采取公开答辩的方式，辅导教师、家长、学生可以旁听。

答辩地点：******

2. 创意展示

①要求：每个项目提供一块高 120 厘米、宽 90 厘米的展板。展板内容：问题的提出（假设）、方法与过程、数据与结果、讨论与结论。展板不能整版喷涂，要有自行创意、自行设计成分，充分体现学生的创意和动手能力（注意：展板要标明作品名称、作者年级、姓名，但不得出现学校、辅导机构名称和辅导教师姓名）。工程项目作品现场演示，体积要求高不得超过 1.2 米，长、宽不得超过 0.9 米，在规定体积内但作品偏重、不易搬动的项目可提前与组委会联系。展示过程中如果用 PPT 介绍需自带笔记本电脑，组委会给每个展位提供电源插口一个、标准课桌一张，工程项目如需多个插口可以自带接线板，耗电量过大要向组委会提出申请。易燃易爆等危险品不得展出。

②展示地点：****

③互动交流：主动、热情地同参观者进行交流，有问必答，思维敏捷，思路清晰，互动能力强。

④说明：每个项目展示答辩穿插进行，时间半天，期间评委将对展板内容的完整性、制作的整体性、动手成分、展示期间选手的交流互动能力等多方面

进行全面综合评分。小学 1～3 年级组只参加答辩不参加创意展示。

三、组委会将当年的优秀项目推荐报送参加中国少年科学院组织的“小院士”课题研究评审活动，具体要求答辩时通知

主办：北京市少年科学院

中国少年科学院北京地区组委会

协办：西城区教育委员会

西城区科学技术协会

承办：西城区青少年科技馆

周又红名师工作室

北京第二实验小学

附件一：

北京市少年科学院“小院士”课题研究评审申报材料

项目名称：________________________

作者信息：第一作者姓名：____________ 年级________

第二作者姓名：____________ 年级________

第三作者姓名：____________ 年级________

所属区县 ：________________________

申报学校全称：________________________

	姓 名	工 作 单 位
辅导教师		

项目申报组别：（请分别在符合的选项划 √）

小学 1～3 年级□　　小学 4～6 年级组□

初中组 □　　高中组□

项目研究方向：（请分别在符合的选项划 √，只能选择一项）

创新发明方向□

科学探究方向□

社会调查方向□

创意设计方向□

项目	初评（提交材料部分）					总分合计
	选题	科学性	创新性	实用价值	严谨性	
分值	10	10	10	10	10	
得分						

目录

1 北京地区野生无蹼壁虎的环境适应性及其产生新分支的可能性研究 /1

2 不易让水洒出的水杯架 /19

3 共享单车车把卫生状况调查及有效消毒方法探寻 /35

4 关于改进“L”形通道以方便婴儿车和轮椅出入的研究 /61

5 关于食品保鲜膜问题的调查研究 /87

6 DIY 食品级蜡笔 /101

7 中式快餐馆餐桌自取调料存放方式对卫生状况影响的研究 /119

1 北京地区野生无蹼壁虎的环境适应性及其产生新分支的可能性研究

作　　者：谭奕朗
辅导教师：甄　奕

【摘要】我非常喜欢观察和研究各种爬行动物，饲养过变色龙、鬃狮蜥蜴、环颈蜥、双冠蜥、高黄守宫、日行守宫、睫角守宫、山地麻蜥等。这些蜥蜴和守宫都是在宠物市场购买的。在北京市内的小区和公园中，我还捕到了无蹼壁虎。通过观察，我发现在宠物市场买到的宠物已经非常适应人工饲养环境，无蹼壁虎作为野生物种在人工饲养环境中也能够很好地生存，这说明它们的生存适应能力极强。出乎意料的是，在捕获到它们时，我发现它们的体貌特征、攀爬能力等竟然都与我从网络、书籍上了解的知识略有不同。究竟是北京地区出现了新的壁虎种群，还是无蹼壁虎这个物种为适应环境产生了新的分支？根据老师们的指导，我采取调查、采访、实验等方式，对比研究了在野外捕获的无蹼壁虎和文献记载的无蹼壁虎在鳞片、体纹、颜色、大小、肛疣、攀爬能力、捕食能力等方面的特点，得出了北京地区无蹼壁虎适应能力很强并且有可能在未来产生新分支的结论。

【关键词】无蹼壁虎　特征　饲养　对比

【创新点】通过对野外捕获的无蹼壁虎进行观察和实验，与现有文献资料相比对，得出了无蹼壁虎适应能力极强并且有可能在未来产生新的分支的结论。

一、研究背景

我特别喜欢自然科学，每个周末都会到郊野公园去捉昆虫，例如，天牛、松毛虫、螳螂、蜻蜓和蝴蝶，然后带回家观察。我还阅读了许多自然科学类的书籍，里面既有昆虫图片，也有许多关于昆虫的知识。长大以后，我经常去花鸟鱼虫市场。有一次，我在一家商店里看到了几只在书中见过的蜥蜴和守宫，有一些调皮的小家伙还在饲养箱中冲着我挥手，觉得它们非常可爱，就想亲自饲养，每天观察它们的活动和习性。在饲养的过程中，我越来越喜欢这些小生命，也了解了它们的更多特点，如身体结构、动作、捕食等。随着饲养过的蜥蜴和守宫越来越多，了解的知识和实际饲养的经验也越来越多。

一个偶然的机会，我在野外捕捉到了一只野生无蹼壁虎，就想到了两个问题，野生无蹼壁虎是否能够适应人工饲养环境？在野外生存环境发生变化的情况下，是否会产生出新的分支？

二、研究目的

（1）了解无蹼壁虎的生活习性和生存适应能力。

（2）比较野外捕获的无蹼壁虎与文献记载的无蹼壁虎在体貌特征和习性方面有何不同。

（3）探讨野生无蹼壁虎是否能够适应人工饲养环境，在野外生存环境发生变化的情况下，是否会衍生出新的分支。

三、研究方法与进度

表 1　研究方法与进度

时间	方法	任务	目的
2017 年 6—7 月	查询资料	收集关于壁虎的各种资料	系统了解壁虎的分类标准和习性
2017 年 6—9 月	收集、捕获无蹼壁虎活体	观察、饲养	形成研究成果
2017 年 8—10 月	测量并实验	收集壁虎体貌特征、习性等第一手资料	与文献记载进行比对
2017 年 10 月	咨询采访专家	提出壁虎分类、现有研究成果等问题	进一步理清思路，进行分析
2017 年 9—10 月	汇总整理信息	撰写论文	得出研究结论
2018 年春季	放生壁虎		

1. 查询资料

通过查询网络资料，对无蹼壁虎的生存条件、饲养环境等进行系统了解。我还试图查询一些文献资料，但是无论是在网上搜索还是到大型图书馆查阅，除了在“百度百科”查到的知识，都没有找到这方面的资料。

2. 采访

采访对象：自然博物馆研究员王文力老师

采访提纲：

（1）北京地区是否只有野生无蹼壁虎?

（2）如何区分不同种类的壁虎?

3. 实验

（1）实验时间：2017 年 8—10 月

（2）实验地点：家中

（3）实验材料和器具（表 2、表 3）

表 2　实验材料

编号	A	B	C	D	E	F	G
数量	1 只	1 只	3 只	1 只	1 只	2 只	1 只
性别	均为雌性壁虎						
捕获地点	纸箱下	岩石下	沙袋下	碎砖下	花盆附近	墙角	墙缝中

表 3　实验器具

长尺	容器（长方形亚克力盒）	电脑	照相机	摄像机	放大镜	显微镜	白纸
1	1 个	1 台	1 台	1 台	1 个	1 台	1 张

（4）实验计划

第一部分实验：体长测量

第二部分实验：鳞片对比

第三部分实验：体纹对比

第四部分实验：颜色对比

第五部分实验：肛疣对比

第六部分实验：捕食能力对比

第七部分实验：攀爬能力对比

这七部分实验，前后持续了大概一个月的时间，原因是：有的时候壁虎们的状态不是非常好，如实验时受到惊吓，所以实验时间较长。特别是捕食实验，由于壁虎是夜行性动物，部分实验很难获得影像记录。

四、研究过程及结果

1. 查询资料的过程和结果

为了得到更加准确和科学的资料，我去了国家图书馆寻求资料，在网络上也进行了相关搜索。但由于国家图书馆不允许 13 岁以下的儿童进入成年人阅览室，我只能浏览网络书单，没有办法确定合适的书目。而且在书单中经过详细搜索，也没有发现专门关于壁虎研究的书籍。因此，我主要通过网络进行了查询，以下就是对一些网络资料的整理。

（1）壁虎的种类

壁虎是蜥蜴的一种，又称“守宫”。西南地区称“四脚蛇”“巴壁虎”“巴壁蜥”等。体背腹扁平，身上排列着粒鳞或杂有疣鳞。指、趾端扩展，其下方形成皮肤褶襞，密布腺毛，有黏附能力，可在墙壁、天花板或光滑的平面上迅速爬行。

壁虎分九大类，包括沙虎属、壁虎属、漠虎属、裸趾虎属、鳞趾虎属、蝎虎属、截趾虎属、蜥虎属和半叶趾虎属。其中壁虎属约 20 种，中国产 8 种，常见的有多疣壁虎、无蹼壁虎、蹼趾壁虎。在温暖的地区、丛林、沙漠都有分布。但壁虎是季节性动物，在 1℃或 11℃以下的环境中活动的话就会死去，故壁虎比较少见于寒带等寒冷地区。在亚热带地区生活的壁虎，每逢冬季一般就会躲起来冬眠。北京地区属温带气候，目前野外环境只发现无蹼壁虎。

（2）壁虎的习性

壁虎是昼伏夜出的动物。白天潜伏在壁缝、瓦檐下、橱柜背后等隐蔽的地方，夜间出来活动。夏季、秋季的晚上，壁虎常出现在灯光照射的墙壁上、屋檐下或电杆上，捕食蚊、蝇、飞蛾和蜘蛛等，是有益无害的动物。

（3）无蹼壁虎的特征

无蹼壁虎成体全长约 12 cm，体与尾几乎等长。头扁宽；吻斜扁，比眼径长；鼻孔近吻端；耳孔小，卵圆形；吻鳞达鼻孔，其直后方有 3 片较大的鳞。头、体的背面覆以细鳞，枕部有少数较大的圆鳞，躯干部圆鳞交错成 12 ~ 14 纵行；胸腹鳞较大，呈覆瓦状；尾背面的鳞多少排列成环状，每隔 9 ~ 10 排为一排整齐而略大的鳞。尾腹面中央的 1 纵排鳞较宽。指、趾间无蹼迹；指、趾膨大，底部具有单行褶襞皮瓣；除第 1 指、趾外，末端均有小爪。尾基部较宽厚。体背灰棕色；躯干背面常有 5～6 条深宽纹；四肢及尾部有深色横纹。尾易断，能再生。

（4）壁虎的饲养

壁虎不需要太多的紫外线，一般也不需要使用日光灯来饲养，因为大多数壁虎都是夜行性动物。也有人用日光灯来制造自然日夜交替环境。饲养中，要提供洞穴给壁虎躲藏，否则壁虎会产生恐慌。壁虎的主要食物为昆虫（如蟋蟀、面包虫等），成体壁虎可喂小老鼠以补充蛋白质。壁虎一般都是从食物里吸取所需的水分，可在饲养箱里放一个小小的水盆供壁虎喝水，也可在饲养箱的墙壁上轻微喷水。每天喷一次水在壁虎饲养箱内，可防止湿度不够而造成壁虎脱皮困难。山洞内放草苔也可增加湿度。

（5）新物种产生的条件

种群是生物进化的基本单位，生物进化的实质在于种群基因频率的改变。突变和基因重组、自然选择及隔离是物种形成的 3 个基本环节，通过它们的综合作用，种群产生分化，并最终导致新物种的形成。突变和基因重组产生生物进化的原材料。自然选择使种群的基因频率定向改变并决定生物进化的方向。隔离是新物种形成的必要条件。

①地理隔离是物种形成的量变阶段，生殖隔离是物种形成的质变时期，只有地理隔离而不形成生殖隔离，能产生亚种，但绝不可能产生新物种。

②生殖隔离是物种形成的关键，是物种形成的最后阶段，是物种间的真正界限。

2. 采访过程及结果

采访对象王文力老师是北京自然博物馆研究员，常年研究昆虫和爬行动物。

王老师告诉我，壁虎科动物遍及世界各地。蜥虎属中国已知 4 种，主要分布于华南地区。半叶趾虎属、截趾虎属和蝎虎属中国各有 1 种。中国常见的有多疣壁虎、无蹼壁虎、蹼趾壁虎等。壁虎科身体扁平，尾部可自行截断再生，多夜间活动，也有一些在白天活动。

（1）北京地区是否只有野生无蹼壁虎?

王老师说，目前北京地区仅发现野生的无蹼壁虎，这是由北京地区的地理地貌和气候决定的。无蹼壁虎也是中国特有种，只分布在中国境内。目前已经被列入《中国生物多样性红色名录——脊椎动物卷》，评估级别为易危。

中国壁虎和蹼趾壁虎对温度和湿度要求较高，多分布在南方地区。

（2）如何区分不同种类的壁虎?

王老师说，壁虎的种类多从大小、颜色、鳞片、肛疣等几个方面来进行区分。也有国内的科研单位对常见的 9 种壁虎进行了 DNA 的测定，对分类问题提出新见解，以前认为粗疣壁虎和中国壁虎是同物异名，测定后证明仍具有效种的特征。以前认为多疣壁虎和铅山壁虎在形态学上相似度高，测定后认为是有效种。

3. 实验过程和结果

表 4 实验过程记录

实验名称	实验目的	实验器材	实验过程
体长测量	比较不同地点捕获的壁虎大小差异	壁虎 10 只、长尺 1 把	手工测量（每只 3 次）
鳞片对比	比较不同地点捕获的壁虎鳞片差异	壁虎 10 只、白纸 1 张、显微镜 1 台	光线条件充足，目测
体纹对比	比较不同地点捕获的壁虎体纹的差异	壁虎 10 只、白纸 1 张、放大镜 1 台	光线条件充足，目测
颜色对比	比较不同地点捕获的壁虎颜色的差异	壁虎 10 只、白纸 1 张、放大镜 1 台	光线条件充足，目测
肛疣对比	比较不同地点捕获的壁虎肛疣的差异	壁虎 10 只、白纸 1 张、显微镜 1 台	光线条件充足，目测
捕食能力对比	测试不同地点捕获的壁虎的捕食能力	壁虎 10 只、蟋蟀若干	在 3 天内对壁虎禁食，然后每次将 1 只壁虎和 1 只蟋蟀放入同样容器中，观察记录壁虎的捕食速度和进食速度
攀爬能力对比	测试不同地点捕获的壁虎的攀爬能力	壁虎 10 只、摄像机 1 台、照相机 1 台	仪器记录壁虎攀爬能力

表 5　实验结果记录

编号	A	B	C	D	E	F	G
捕获地点	纸箱下	岩石下	沙袋下	碎砖下	花盆附近	墙角	墙缝中
体长测量	13 cm 尾粗	10 cm 尾粗	2 只 4 cm 尾细、1 只 5 cm 尾细	6 cm 尾细	7 cm 尾细	2 只 5 cm 尾细	8 cm 尾粗（再生）
鳞片对比	均为圆鳞，瓦片状排列						
体纹对比	有明显疣粒和白斑	清晰波浪状斑纹	2 只有箭头状纹路 1 只呈锯齿状纹路	清晰圆形斑点	条纹状斑纹	均呈苔藓状斑纹	黑白相间斑点
颜色对比	浅灰	深灰黑	灰	棕	灰	深灰	浅灰
肛疣对比	均有 4 个肛疣，左右各两个						
捕食能力对比	一般	强（可跳跃捕食蛾）	较弱	极强	较强	较弱	极强
攀爬能力对比	极弱	较强	弱	强	弱	一般	极强

具体过程

①体长测量：每只壁虎分别进行了 3 次测量，取平均值。壁虎的大小和强壮度差别明显（图 1）。

②鳞片对比：使用显微镜在光线充足条件下进行观察。鳞片呈圆形，瓦片状排列（图 2）。

图 1　测量体长

图 2　观察鳞片

③体纹对比：使用放大镜在光线充足条件下进行观察。不同地点捕获的壁虎体纹差别较大（图3）。

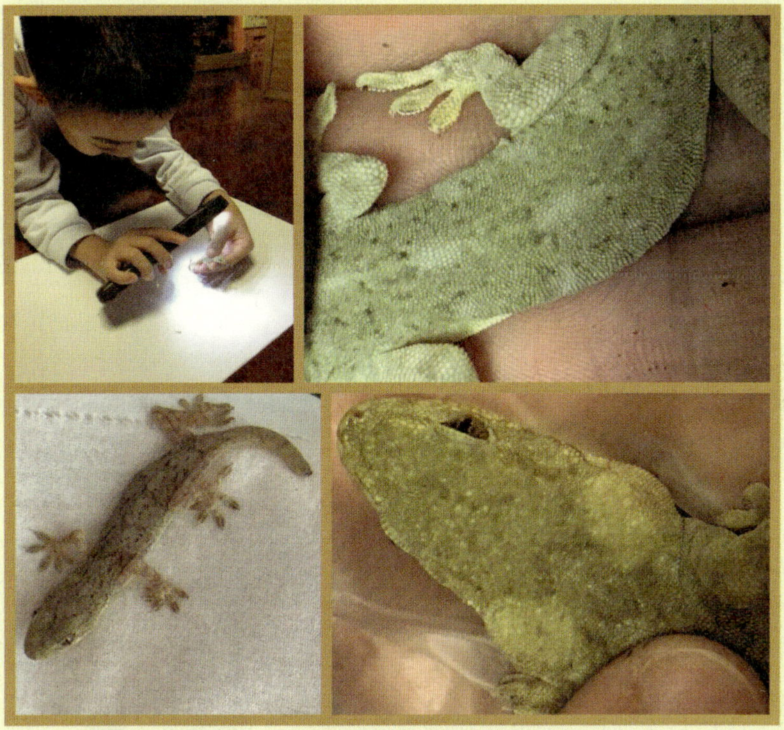

图3 观察体纹

④颜色对比：使用放大镜在光线充足条件下进行观察。壁虎分别呈现出棕、灰、黑3种颜色（图4）。

图4 观察颜色

⑤肛疣对比：待壁虎相对平静后，静态拍摄并用放大镜目测。所有壁虎都是左右对称，每侧各两个肛疣（图 5）。

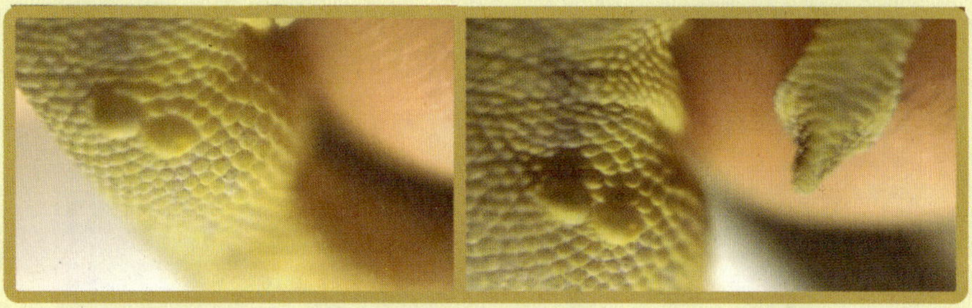

图 5　观察肛疣

⑥捕食能力对比：在进行捕食实验时，岩石下和墙缝中捕获的壁虎明显优于其他地点捕获的壁虎（图 6）。

图 6　观察捕食能力

⑦攀爬能力对比：在进行攀爬试验时，岩石下和墙缝中捕获的壁虎同样明显优于其他地点捕获的壁虎（图 7）。

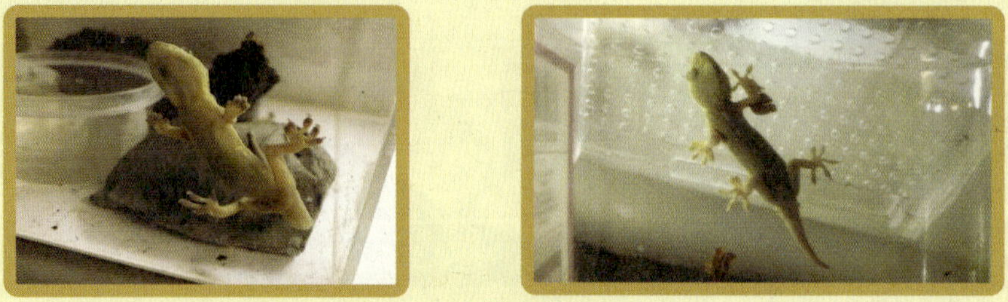

图 7　观察攀爬能力

五、研究分析

1. 资料和采访分析

由于可供查阅的无蹼壁虎的资料比较有限，所以本文资料主要来源于网络信息和老师的讲解。通过查阅资料、采访以及实践养殖，我得出结论：

（1）无蹼壁虎的环境适应力极强

在捕获的 10 余只壁虎中，多数都在人工饲养环境中存活了，仅有个别出现死亡。死亡的基本是体长 4 cm 左右，捕捉到时看上去极为瘦弱的个体。

（2）无蹼壁虎存在产生新分支的可能

文献记载北京地区只有无蹼壁虎存在是一个事实，但由于自然环境和生存环境的变化，无蹼壁虎存在未来产生新分支的可能。

2. 实验结果分析

（1）栖息于不同环境中的壁虎从体长上存在较大差异

在纸箱下和岩石、墙缝中捕获的壁虎明显大于在碎砖下、墙角和花盆附近等相对裸露的地方捕获的壁虎，这在一定程度上说明了栖息环境对壁虎生长的重要性。当然，这其中要考虑个体存活期这个因素，但是由于捕获壁虎的时间集中在 7—8 月，结合壁虎的冬眠期和繁殖期考虑，推测它们基本属于同期个体，但不能确定。

（2）体纹

栖息于不同环境的壁虎差别十分明显，甚至超越了区分壁虎种类的界限。如在纸箱堆下捕获的壁虎，不仅体大，而且身上有明显疣粒；而墙缝中捕获的壁虎身上有明显黑白斑纹，这与资料中描写的“无蹼壁虎身体背面一般呈灰棕色，在颈及躯干背面形成 6～7 条横斑，尾背面形成 11～14 条横斑。身体腹面淡肉色。”有一些差别。

（3）颜色

栖息于不同地点的壁虎各不相同。呈现出了与各自栖息环境相适应的颜色。

（4）鳞片和肛疣

这些壁虎没有差异；左右各两个肛疣，可判断为同是雌性。

（5）捕食能力

岩石下和墙缝中捕获的壁虎明显优于其他地点捕获的壁虎。

（6）攀爬能力

有些壁虎明显减弱，有些则在适应环境后恢复。在墙缝和岩石下发现的壁虎经过一段时间的适应期后，表现出了明显优于纸箱下壁虎的攀爬能力。

六、结论

综上所述，尽管目前断言无蹼壁虎产生了新的分支还为时尚早，需要更加专业的检测，但是我认为在未来有这样的趋势，这也符合生物进化演变的规律。因此，我的研究结论是：

1. 无蹼壁虎具有很强的生存适应能力，在人工创造的饲养环境中可以长时间生存

基本饲养环境为恒温 24℃左右，湿度 30%，放置适当的躲藏屋，保证平静状态。每 1～2 日喂食 1 只小蟋蟀，进食时避免惊吓。

2. 无蹼壁虎攀爬能力有减弱趋势

由于生存环境不同，无蹼壁虎攀爬能力各有不同。在纸箱下和花盆附近发现的个体明显攀爬能力减弱，即便适应新环境后也没有恢复。而在墙缝中和岩石间发现的个体攀爬能力减弱则属于应激反应，在适应环境后又表现出了较强的攀爬能力。

（1）无蹼壁虎在颜色、体纹、攀爬和捕食能力方面出现明显差异

由于无法确定实验个体的年龄，我忽略了大小的因素。但是它们在颜色、体纹、攀爬和捕食能力方面都出现了较大的差异。其中，有环境适应性的表现，但也要考虑基因变化的可能。

（2）生殖隔离可能造成新分支的产生

由于无蹼壁虎的生存空间在环境污染的城市中被不断压缩，种群分布稀疏，加之个体差异变大，有可能造成生殖隔离，影响它们的繁殖，造成物种变异。

因此，无蹼壁虎未来有可能出现新的分支，但是还需要科学检测方可定论。

特别要说明的是，在饲养并研究的过程中，先后出现了 3 只壁虎死亡的情况。主要原因是由于它们本身就比较弱小，加之在新环境中不够适应，捕食能力差。虽然我试图用手喂、给水等方式挽救，最终并没有效果。其他参与观察和实验的壁虎除个别个体留作后续观察外，均已在研究资料收集完全后放归自然。

七、建议

由于北京地区近年来环境的变化，给许多野生动物的生存造成了危机。在查找资料的过程中，我不止一次听大人们回忆：“我们小时候，一到夏天，到处都能见到壁虎。”但是现在，我需要非常努力地寻找，甚至跑到遥远的郊外才能找到供研究的壁虎。现在无蹼壁虎面临的主要威胁是人类活动导致的栖息地缺失，同时由于其在医学方面的效用，也使其遭到了大量捕捉。如果无蹼壁虎在未来用于医学的数量增加和栖息地的缺失或退化更为严重的话，该物种很可能将面临更多的威胁。

同时，在进一步了解壁虎的生理特点和习性后，我认为，壁虎不仅在可消灭大量蚊蝇、有效地防止疾病发生、保护农作物等方面对人类有益，而且对人类的科技发展有许多启发，如它蹼趾的特殊性可以用于研究攀爬仿生技术等。

因此，我建议：

1. 进一步研究

现在对壁虎的专业研究非常少，需要更加专业和科学的研究，在探讨壁虎物种进化的同时，加强仿生学的研究。

2. 进一步加强环境保护

事实证明，环境污染会造成壁虎种群数量的减少。污染严重的地区种群分布数量几乎等于零，而污染较轻的地区分布数量较多。这说明环境能影响无蹼壁虎的生存和繁殖。还壁虎一个自然健康的环境，其实就是保护人类自己。

八、收获与体会

本次研究持续了近半年的时间，我有很多收获和体会。

1. 了解了更多关于这个物种的知识，培养了严谨的科学态度

在实际饲养过程中，我得以近距离地观察无蹼壁虎，同时把课内外学到的科学方法加以实践，在逐步积累并收集资料的过程中增长了知识。

2. 锻炼了耐心与毅力

长时间地观察和测量、记录实验数据，饲养以及挽救那些濒临死亡的小生命都需要付出时间和精力。饲养和研究壁虎是我的兴趣所在，在这个过程中我感悟到虽然兴趣是最好的导师，但坚持不懈才是成功的关键。

3. 深深地感受到这些小生命的神奇之处

它们原本生活在自然环境中，来到我的饲养盒后逐步由原来的惊吓、不适变得习惯、温顺、平静。作为实验对象，它们给予了我很大的帮助。我觉得，壁虎作为人类的好朋友需要我们更多关注，这也是保护生物多样性的需要。

4. 环境健康的大自然是壁虎最好的栖息地

目前，我还继续饲养了 3 只壁虎，一方面是为了后续的观察和研究；另一方面是考虑它们已经适应了人工饲养的环境，现在天气寒冷，放生不利于它们生存。2018 年春季天气转暖以后，我会让它们回归自然环境。

九、下一步的工作方向

通过本次研究，我对壁虎的种属分类，特别是无蹼壁虎有了更深入的了解。但是研究还有一些不足之处，主要有以下几个方面。

（1）受条件所限，用于实验的壁虎数量不是十分充足，可能对实验数据的准确性造成一些影响。

（2）参与实验的壁虎个体发育成熟度不能完全确定，这有可能影响实验的最终准确性。

（3）壁虎的活动虽有一定规律，但也有一些不确定性，例如，其夜行性的特点，导致一些捕食过程不能及时用图片或录像形式记录下来，是一种遗憾。

（4）可供查阅和参考的文献资料不足。很多知识和信息是通过网络得到的，缺乏系统的整理，而且其科学性也需要进一步证实。

今后，希望能够能得到更多专业人士的指导，在研究对象上也更加丰富一些，如果条件允许，我希望能够自己孵化无蹼壁虎，观察它们成长的全过程，了解它们的生长规律和习性，最终能够确定无蹼壁虎是否在未来会发展出新的分支。

工作日志节选

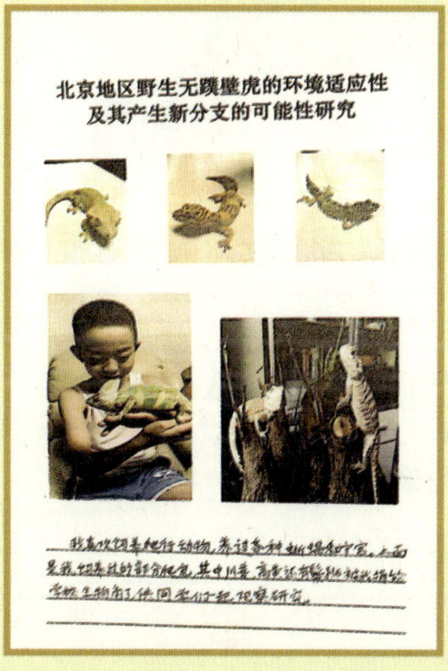
北京地区野生无蹼壁虎的环境适应性
及其产生新分支的可能性研究

我喜欢饲养爬行动物，养过各种蜥蜴和守宫。上面是我饲养过的部分爬宠，其中川毒、高冠[illegible]捐给学校生物角了，供同学们一起观察研究。

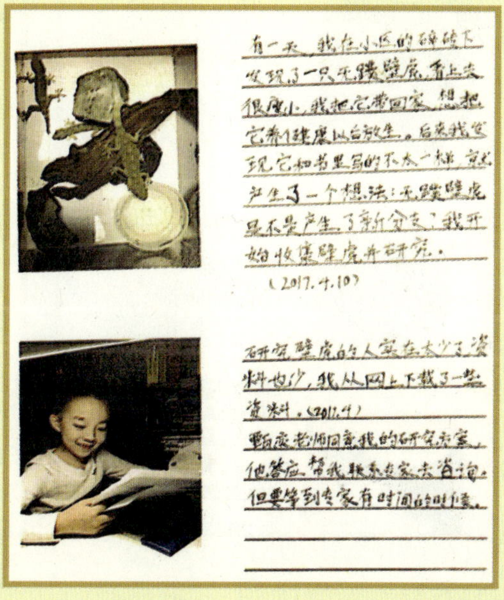
有一天，我在小区的砖破下发现了一只无蹼壁虎，看上去很瘦小，我把它带回家，想把它养健康以后放生。后来我发现它和书里写的不太一样，就产生了一个想法：无蹼壁虎是不是产生了新分支？我开始收集壁虎并研究。

（2017.4.10）

研究壁虎的人实在太少了，资料也少，我从网上下载了一些资料。（2017.4）

甄老师同意我的研究方案，他答应帮我联系专家去咨询，但要等到专家有时间的时候。

（2017.5）

五月到了，天气越来越热，我陆陆续续地在小区和郊外抓到一些无蹼壁虎。但是它们数量还是太少了。

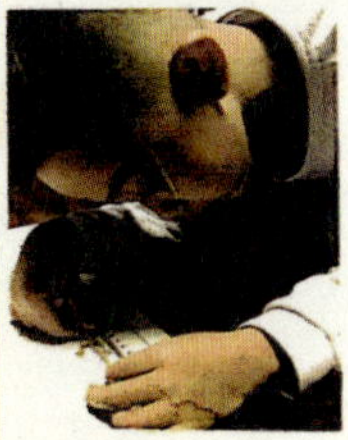

7—8月份我都在找壁虎，可数量还是不多。实验时间要往后推一推了。

9月

终于可以开始实验了。先量体长。它们已经驯化一些了，可一到实验还是很费劲，三天才完成。

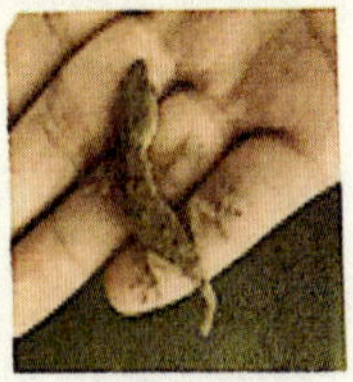

今天我发现其中一只壁虎得了高位截瘫，我给它补充钙粉用手喂食，还是没救活。温湿度都没问题，看来它本身可能受到了其他壁虎的压制。

（2017.9.10）

这只是我舅姥爷送给我的，来自郊区，特别活跃，通常倒挂在盒子上，还喜欢跳来跳去。

（2017.9.7）

这几天因为放假，开始记录颜色和体纹。

（2017.9.16）

①

②

我发现它们明显的不同了。①有圆形斑点，棕色；②是条纹状斑纹，灰色；③是波浪状斑纹，深灰黑。它们生活的地点不同，造成了这些差别。

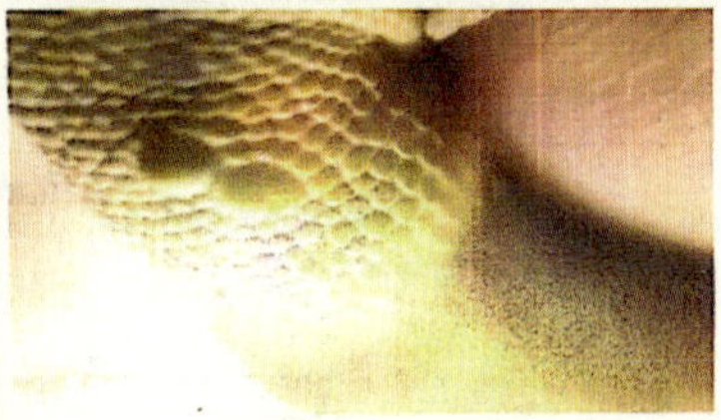

（2017.9.23）

肛疣拍得很清楚，都是每侧2个，也说明它们都是雄性。

我还是想拍一个捕食图，太快了，不成功。

观察结果如下：

A:一般 B:强 C:较弱 D:极强

E:较强 F:较弱 G:极强

最近好像所有的壁虎都很健康，我推测它们已经适应了人工饲养环境。

这只郊外抓到的最大最活跃，说明环境对壁虎生长非常重要。

又有一只壁虎濒临死亡了，以前它也特别活跃，可它最近不知原因地瘦弱。

开始攀爬测试，不知道它们表现如何。

(2017.9.24)

这只是G，表现最好，攀爬能力极强。

A：极弱

C：弱

D：强

E：弱

(2017.9.24)

这只是B，表现也不错，爬着爬着就会下滑，但比其它还要强很多。

F：一般

E趴在纸上一动不动。

是不是它们的脚蹼有变化？正面观察都是一样的。

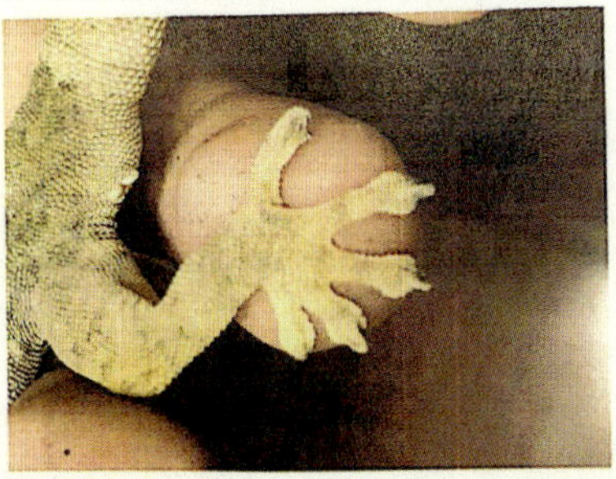

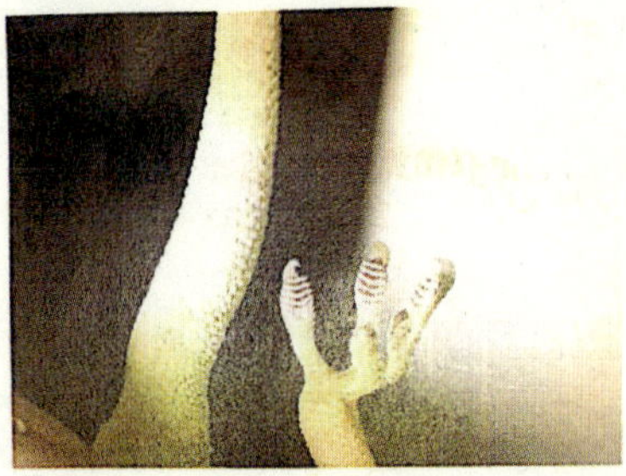

反面也没有不同，看来壁虎的攀爬能力主要与用进废退和应激反应有关。

今天终于见到了专家，王老师专门给我做了PPT，详细介绍壁虎分类和特征，我讲了我的论点和研究过程。

研究流程图

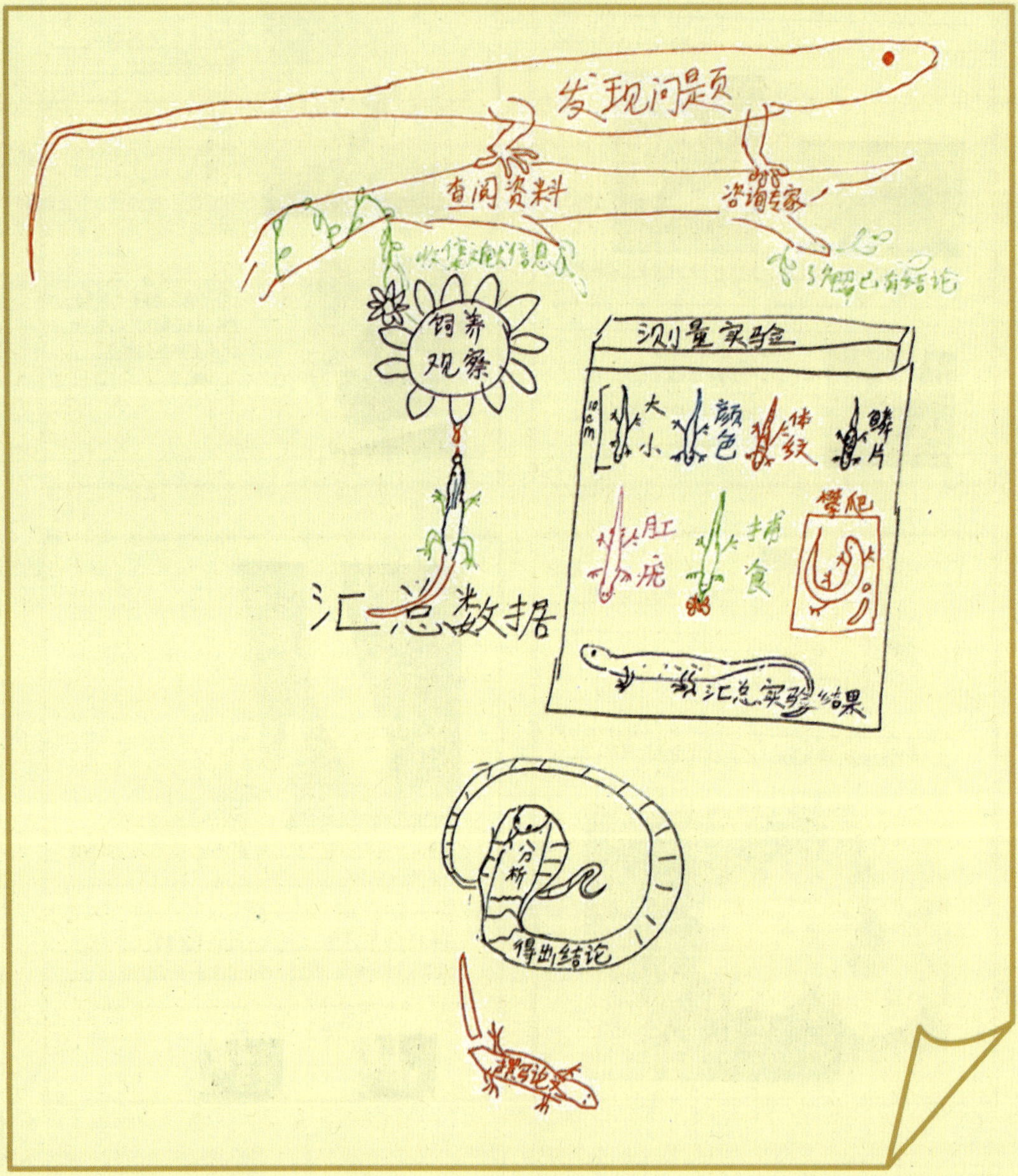
发现问题
查阅资料
咨询专家
饲养观察
测量实验
大小
颜色
体纹
鳞片
捕食
攀爬
汇总数据
汇总实验结果
分析
得出结论
撰写论文

2 不易让水洒出的水杯架

作　　者：刘天仪
辅导教师：甄　奕　马　兰

【摘要】为了解决在晃动的交通工具上水杯洒水以及不小心碰倒桌面上水杯的问题，我想发明一种不易让水洒出的水杯架。于是结合古代劳动人民的智慧结晶——"被中香炉"的原理，利用万向架制作发明了这种不易让水洒出的水杯架。在设计、发明过程中，采用了查阅资料、问卷调查、统计分析、模型制作、试验验证等方法。针对试验验证过程中发现的问题，最终提出了解决方案。

【关键词】防止　倾倒　水杯架

【创新点】设计制作不易让水洒出来的水杯架

一、研究背景

在日常生活中，我经常有把开着盖的水杯放在汽车、火车、飞机等交通工具上水洒出来的经历，也有把开着盖的水杯放在桌子上不小心碰洒的烦恼。为解决这些问题，我决定研究发明一种可以让水杯里的水不易洒出来的水杯架，也可以说是个不易让水杯倾倒的水杯架。

二、研究目的

（1）通过学习万向架的相关知识，设计发明出一个不易让水洒出的水杯架。

（2）通过设计制作水杯架，不仅提高自己的设计及制作能力，更为他人的生活提供方便。

三、研究方法

1. 实地走访

我的设计发明灵感来自一个偶然的经历。以前参观某科技馆时，我被一个展品所吸引，它的特别之处就是不会让承载的水洒出来。2017 年 5 月 7 日，我再次去那家科技馆寻找那个让人印象深刻的中国古代发明。不巧的是，展厅一直在维护，没能找到实物。于是，我打客服电话咨询了科技馆的工作人员，确定了这个展品叫作"被中香炉"。

2. 查阅资料

表 1 查阅资料内容与结果

工作内容	网站	关键词	结果
网络查询“被中香炉”相关资料	百度网	被中香炉	被中香炉是中国古代盛香料熏被褥的球形小炉。它的球形外壳和位于中心的半球形炉体之间有两层或三层同心圆环。炉体、内环、外环和外壳内壁的支承轴线依次互相垂直。炉体由于重力作用，不论球如何滚转，炉口总是保持水平状态
		陀螺仪、万向架	被中香炉的结构与现代航空航海中使用的陀螺仪原理一样，罗盘就是悬挂在一种称为“万向支架”的持平环装置上。这样，无论有多大风浪，船体怎样摆动，也无论在怎样复杂的气流中，飞机如何颠簸，罗盘始终保持水平状态，确保正常工作
查询网络资料	中国发明网、中国专利网等	水杯架、不洒水、防止倾倒	有不倒翁水杯，但原理不同；确定无类似发明

图 1 查询网络资料

图 2 香薰球

3. 问卷调查

表 2　问卷调查工作与成果

工作时间	工作内容	成果
2017 年 6 月	设计问卷	通过咨询科技老师、家长和同学们的意见，对调查问卷稿进行了 3 次修改，形成最终版的调查问卷
2017 年 6—8 月	发放问卷	在餐厅门口、某图书大厦、某茶馆演出厅等地方随机发放调查问卷
2017 年 8 月	统计与分析	将回收的有效问卷进行统计与分析

图 3　发放调查问卷

4. 收集、统计与分析

（1）将回收的有效问卷进行统计与分析

本次调查共回收有效问卷 101 份，统计结果如图 4 所示。

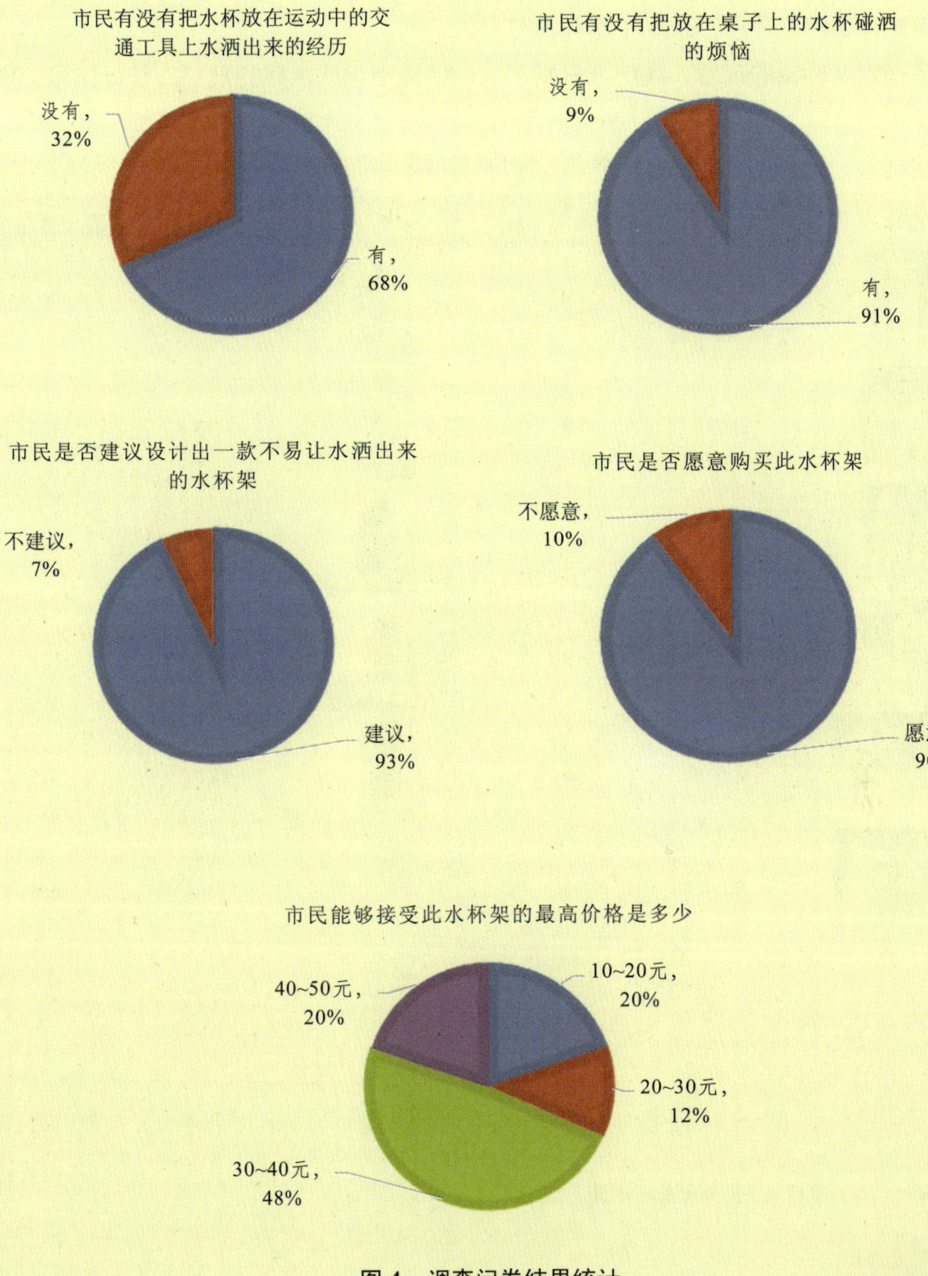
市民有没有把水杯放在运动中的交通工具上水洒出来的经历
没有，32%
有，68%
市民有没有把放在桌子上的水杯碰洒的烦恼
没有，9%
有，91%
市民是否建议设计出一款不易让水洒出来的水杯架
不建议，7%
建议，93%
市民是否愿意购买此水杯架
不愿意，10%
愿意，90%
市民能够接受此水杯架的最高价格是多少
10~20元，20%
20~30元，12%
30~40元，48%
40~50元，20%

图4 调查问卷结果统计

统计结果说明我的设计发明方向是正确的！

（2）统计超市水杯尺寸及家中水杯尺寸

为了确定水杯架的尺寸，我统计分析了人们经常使用的水杯的尺寸，统计结果见表 3。

表 3 水杯测量结果汇总

超市水杯	高/cm	最大直径/cm	家中水杯	高/cm	最大直径/cm
	22.7	6.8	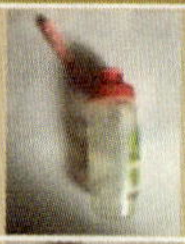	19.7	6.6
	20.3	6.8		25.8	6.5
	19.7	7.1		16.8	6.8
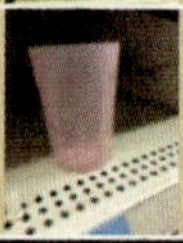	11.7	7.9		14.7	6.8
	8.6	7.6		21.3	7.5
	9.0	7.0		9.8	6.5
				12.5	7.1
				8.4	6.0

注：在此统计的是开着杯盖使用和无盖的杯子。

5. 模型制作

将准备好的原材料——小罐子、万向架、海绵、不锈钢外支架、吸盘组装起来，做一个虽简陋但比较好用的简易水杯架。

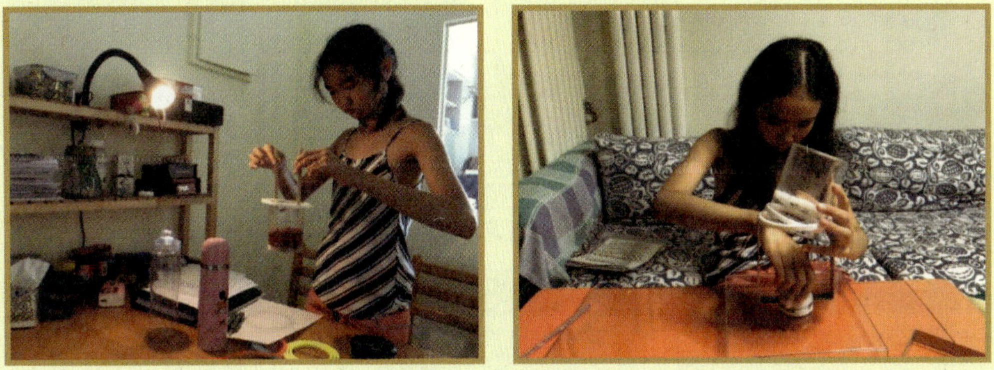

图 5 制作模型

6. 试验验证

“十一”国庆节全家开车出游时，顺便验证了一下我的水杯架是否可用、是否有作用、是否好用。

图 6 车载水杯架试验

四、研究过程

1. 时间：2017 年 5—10 月

2. 研究流程

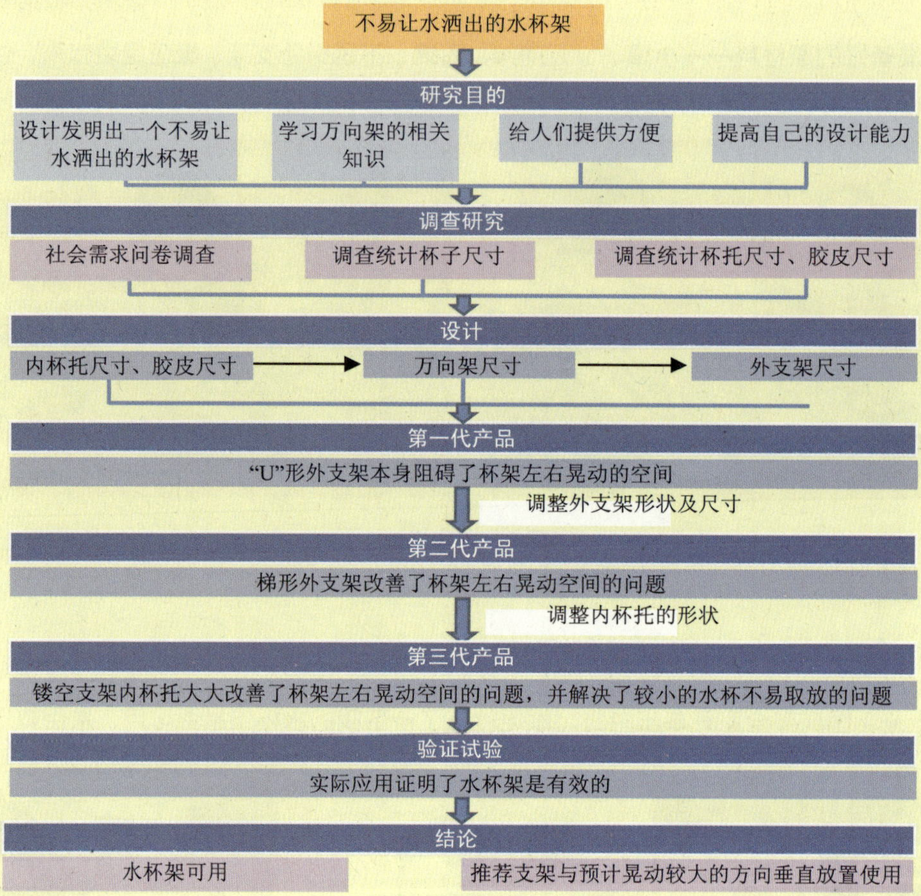

图 7　研究流程

五、设计与试验

1. 构思与设计

在进行了相关的调查研究后，就可以开始设计发明了。我的想法是结合“被中香炉”的原理，利用万向架将放水杯的容器进行改造，使它成为不易让水洒出来的水杯架。

根据统计分析人们经常使用的水杯尺寸，首先我确定了内杯托的尺寸：直径 8 cm、深 11 cm。然后参考汽车里杯架中胶皮的尺寸测量结果，将内杯托胶皮设计为 3 个梯形，尺寸为：上底 2 cm、下底 3 cm、高 2 cm；放置的深度在距离杯底 8.5 cm 的位置上。万向架可以设计为 2～3 个圈，根据内杯托的尺寸，内圈尺寸设计为：直径 8 cm；外圈可以使用 1～2 个，尺寸与最终制作水杯架的材质有关，越薄越好，可以使整个水杯架尺寸小些。最后，外支架设计为“U”形支架，底部的宽度根据万向架的外径尺寸确定，侧面的高度根据内杯托的深度设计为：高 14 cm。设计如图 8、图 9 所示。

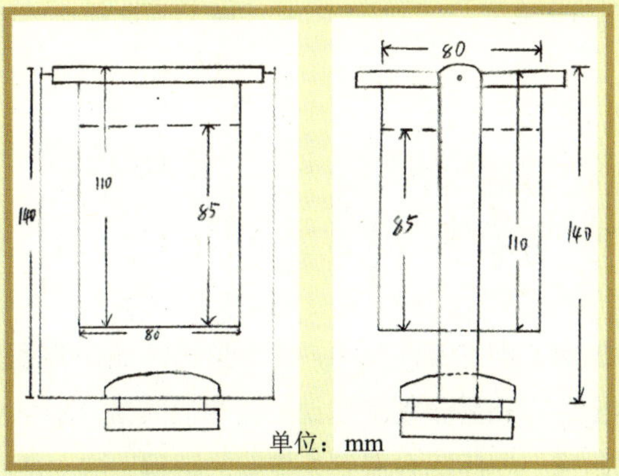

图 8　正面设计图和侧面设计图

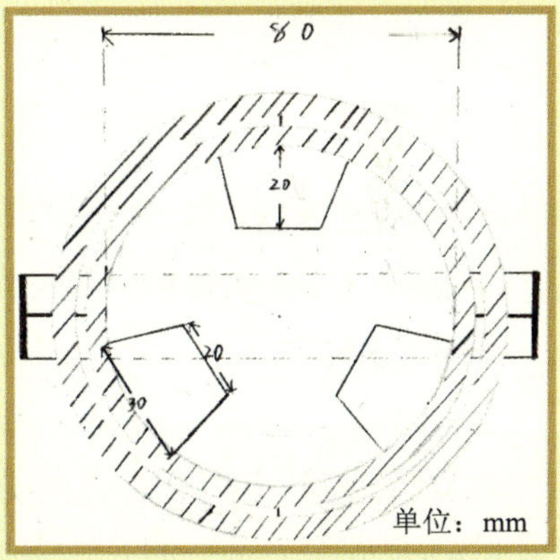

图 9　平面图

为了制作试验模具，我选择了一些现有的与设计尺寸非常接近的材料。

（1）万向架是妈妈帮我在网上购买的，尺寸：内圈内径 8.3 cm、中圈外径 10.9 cm、外圈外径 12.4 cm（图 10）。

（2）内杯托是废物利用的塑料罐子，尺寸：直径 8.3 cm、深 10.7 cm。

（3）海绵裁剪成梯形后就可以模拟杯托内胶皮的作用了。

（4）外支架是请某不锈钢制品加工城工作人员按照我的要求制作的（图 11）。

（5）吸盘用的是家里的浴巾挂底盘（图 12）。

图 10　万向架

图 11　不锈钢支架

图 12　吸盘

2. 方案 A

（1）第一代产品

只使用万向架的内圈和中圈两个圈，"U"形外支架底部宽度与万向架外径相同(图 13)。

（2）试验发现

这个模型非常好用，不论手持平面在什么位置，不论怎样晃动，杯架里的杯子始终是垂直于地面的！而且，两个圈的万向架就已经完全可以满足全角度晃动的需求。但是，我也发现当支架和内杯托在同一侧，左右晃动平面的时候，内杯托会受到外支架的阻碍。这次试验平面离开桌面的最高位置是 6.5 cm（图 14）。

图 13　第一代产品最大晃动幅度

图 14　试验第一代产品

（3）分析与改进

可以通过改变外支架的形状解决这个问题，例如，可以将外支架的底部或下半部分加宽，也可以把万向架外圈由圆形调整为椭圆形（图 15）。

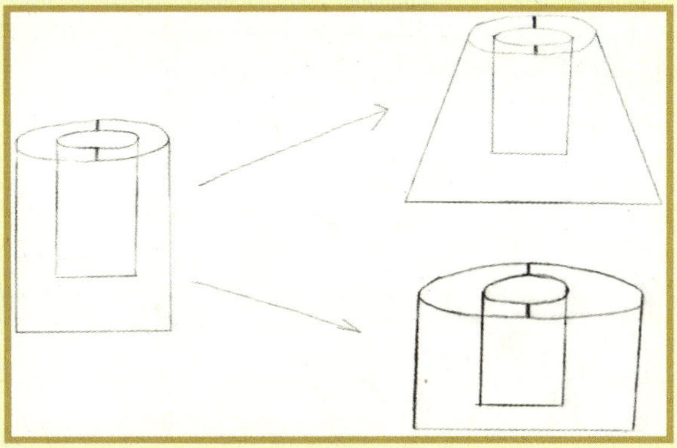

图 15 改进示意图 A

3. 方案 B

（1）第二代产品

考虑到将万向架外圈调整为椭圆形不太容易，水杯架也会变得太大不方便使用，我就采用了将外支架“U”形底部加宽的方案，形成一个梯形的外支架（图 16）。

（2）试验发现

这次的改进设计确实改善了一些内杯托受外支架阻碍的情况，但改变不太大。这次试验平面离开桌面的最高位置是 7.0 cm。同时我还测试了不同尺寸的水杯的使用情况，发现太小的杯子不太好放进去，也不太好拿出来（图 17）。

图 16 第二代产品最大晃动幅度

图 17 试验第二代产品

（3）分析与改进

可以把现在的内杯托从圆柱形罐体改成镂空支架，这样既可以进一步增加杯子的晃动幅度，又可以方便小杯子的取放（图 18）。

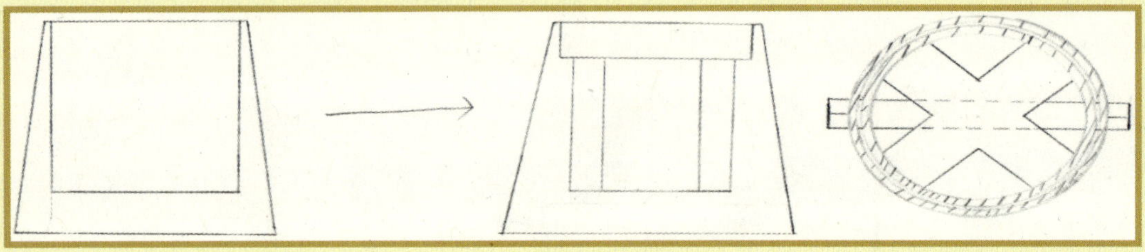

图 18　改进示意图 B

4. 方案 C

（1）第三代产品

将内杯托改为只有 4 个竖向遮挡的镂空杯托（图 19）。

（2）试验发现

这次的改进设计大大改善了内杯托受外支架阻碍的情况！试验平面离开地面的最高位置是 9.5 cm。同时，小杯子也可以通过镂空的地方非常容易取放了（图 20）。

图 19　第三代产品最大晃动幅度

图 20　试验第三代产品

5. 试验验证

（1）试验发现

把模型放在车里的不同位置，观察一路上水杯架的效果，我发现水杯架确实有效，但由于开车时的晃动比较急促，效果不如我拿着平面在家做试验的效果好。另外还发现，吸盘在车窗玻璃上使用时非常牢固，别的地方就很难吸住了。

表 4 试验日程和结果

行程	吸盘位置	开始时间	结束时间	历时	试验结果
北京—石家庄	左后车窗	13：30	17：50	4 小时 20 分	未洒。缺点：影响开车门。而且开车门时晃动幅度比较大，洒了一点
石家庄—安阳	右前挡风玻璃	9：00	11：00	2 小时	未洒。缺点：影响副驾的视野
濮阳—曲阜	天窗	8：00	11：00	3 小时	未洒。缺点：悬挂在车顶不太容易取放水杯

（2）分析与讨论

因为把杯子放在桌子上时的碰撞与车上类似，所以我就没有专门做放在桌子上的试验。

- 快速晃动时为什么会洒一些水？

由于试验用万向架的润滑及灵活性不够，导致快速晃动时水杯有时会洒出一些水。从理论上说，只要万向架的轴承足够好，就可以避免这个问题。

- 吸盘只适合吸附在玻璃等光滑的表面上，怎样放在其他材质上？

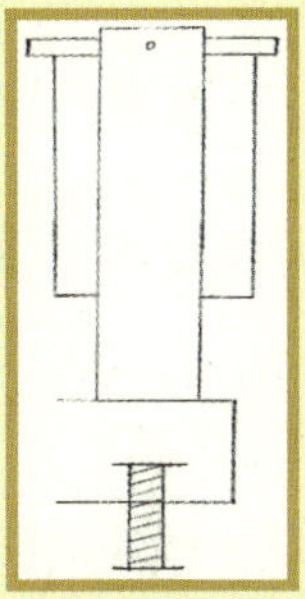

图 21 改进示意图 C

在其他材质（如木桌子等）上使用时，可以采用夹子底座（图 21）。

或者可以把水杯架直接和易晃动的物体做成一个整体，如直接把水杯架做在汽车和飞机上。

六、结论与建议

（1）我设计的水杯架可用于应对各个方向的晃动与颠簸，使水杯始终与地面垂直，水不会洒出。

（2）虽然水杯架可以全方位的晃动，但由于外支架的存在，晃动的幅度会受到阻碍。建议大家在使用时将支架与预计晃动较大的方向垂直放置使用。

七、收获与体会

1. 发放调查问卷要有技巧

我发现在吃饭等位时，大部分人都比较空闲，乐意帮我填问卷。还有，一般年轻人和年长些的女士们更愿意帮我填问卷。于是，我总结出经验后，就去等位多的地方找年轻人或者阿姨们填问卷，这样很快就能完成问卷收集。当然，这样可能会造成调查对象人群的受限，幸好我这次做的设计也主要是服务于这些调查对象的。

2. 设计制作要细心

在设计草图和制作简易模具的过程中，我领悟到不管做什么都必须要细心。有的时候差一两厘米就会造成大错。所以以后不仅在科学研究上，在学习和生活中我都一定会更加细心。

3. 掌握了很多电子文档处理方法

以前基本上要靠爸爸、妈妈帮忙制作电子文档，现在我已经学会了很多文档制作方法。

八、下一步工作方向

（1）进一步优化水杯架两侧外支架，以解决阻碍水杯晃动幅度的问题。

（2）解决在不同材质、不同形状物品上的安装问题，如用夹子底座固定。

九、致谢

在整个研究、发明和完成论文的过程中，北京第二实验小学的甄奕老师和北京市西城区青少年科技馆马兰老师给了我很多帮助、指导和鼓励，在此对他们表示衷心的感谢！

感谢爸爸、妈妈在我研究、发明的过程中给予的帮助和支持！

感谢所有为我填调查问卷的叔叔、阿姨们！

工作日志节选

	吸盘位置	开始时间	结束时间	历时	试验结果
北京—石家庄	左后车窗	13:30	17:50	4时20分	未洒。缺点：比较影响开车门。开车门时洒了一些。
石家庄—安阳	右前挡风玻璃	9:00	11:00	2时	未洒。缺点：比较影响副驾的视野。
濮阳—曲阜	天窗	8:00	11:00	3时	未洒。缺点：水杯不易取出。

2017年8月30日　星期三

今天两个架子已经做好、送到了。所以晚上我就开始实验了。首先，我先把枸杞盒卡在万向架里。然后，我找来了家里一块没有用的海绵，剪成大概尺寸差不多跟橡胶皮的大小的梯形，然后用双面贴了三块到相应深度（大概）的位置。为什么不贴四块呢？因为我发现如果放四块的话就太挤了，三块也是可以的。贴完，我就把万向支架按到了小一些的架子上。然后把吸盘吸在没用的盒子上，把外支架放了上去，装好。一个模型就完成了。我把一个奶片盒装进去试了试，效果还不错！就是左右晃的时候有阻碍，这是不可避免的。可是怎么才能让阻碍少一些呢？不如把外圈那个大一些的支架的口开得小一些，中圈的大小，这样三角形的

形状就可以让水杯托晃动的空间多一些。我又拿奶片盒试了试，还不错。我拿真正的水杯放上去并装上水，还真不错！可是太小的杯子不太好拿，这可怎么办？装个什么托盘推出来？这就当是我下一步的研究方向吧！

2017年8月7日　星期一

这两个月，我总是在发调查问卷，今天终于发完了。这两个月中，我接触了很多社会上的人。我在发问卷的过程中也碰过壁，但不能灰心。我还懂得了，在调查前一定要先确定好目标人群，再去调查，这样才调查得快。今天我把调查问卷的结果统计完，结束调查问卷这一阶段。

共收回有效问卷101份

1. 有：69份　没有：32份
2. 有：92份　没有：9份
3. 建议：94份　不建议：7份
4. 愿意：91份　不愿意：10份
5. 10～20：20份　20～30：12份　30～40：49份　40～50：20份

2017年10月8日　星期日

"十一"小长假的时候，我借开车出去玩的机会试验了一下我制作的水杯架，具体试验结果见左表。但所有的地方都有一个问题：轴承不够好，速度快时"反应不过来"。还有，我发现吸盘只能吸在玻璃上，其它地方吸不住。所以我想水杯架的底座也可以做成夹子的样式。

2017年9月9日　星期六

这几天我仔细想了想小杯子放进去拿不出来的问题。今天我想出了解决方法。可以把水杯托设计成镂空的，只有架子。这样就可以用手把小杯子从镂空的地方推出来了。而且，这样还能更大的减少外支架造成影响晃动幅度的阻碍。真是一举两得。我的作品也就定稿了。

注：因为镂空支架不太结实，所以使用的还是无镂空版的水杯架。

研究流程图

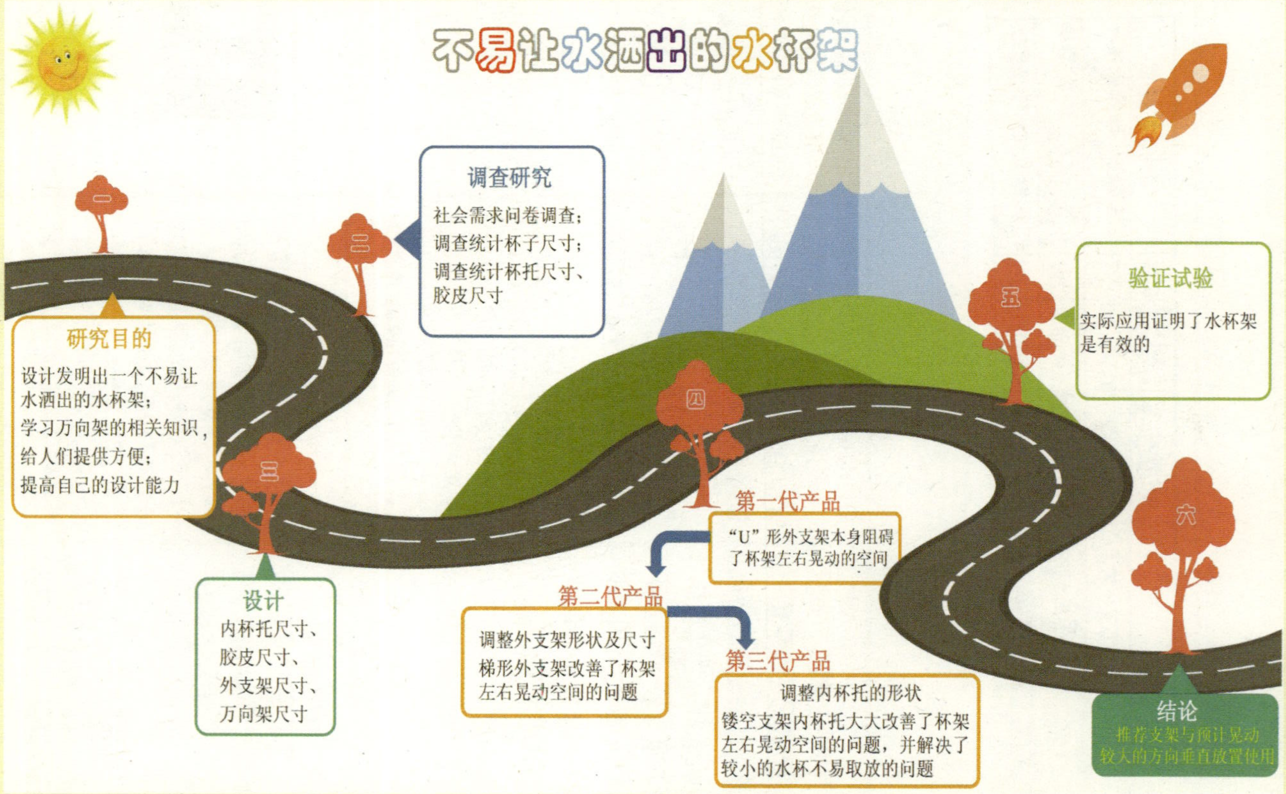
不易让水洒出的水杯架
一
研究目的
设计发明出一个不易让水洒出的水杯架；
学习万向架的相关知识，给人们提供方便；
提高自己的设计能力
二
调查研究
社会需求问卷调查；
调查统计杯子尺寸；
调查统计杯托尺寸、胶皮尺寸
三
设计
内杯托尺寸、
胶皮尺寸、
外支架尺寸、
万向架尺寸
四
第一代产品
“U”形外支架本身阻碍了杯架左右晃动的空间
第二代产品
调整外支架形状及尺寸
梯形外支架改善了杯架左右晃动空间的问题
第三代产品
调整内杯托的形状
镂空支架内杯托大大改善了杯架左右晃动空间的问题，并解决了较小的水杯不易取放的问题
五
验证试验
实际应用证明了水杯架是有效的
六
结论
推荐支架与预计晃动较大的方向垂直放置使用

3 共享单车车把卫生状况调查及有效消毒方法探寻

作　者：高偲玥

辅导教师：甄　奕　赵　溪

【摘要】共享单车为出行带来很多便利，但公共使用且不进行定期清洁是否存在卫生问题？带着这样的疑问，作者对共享单车车把的卫生状况开展调查研究，探讨共享单车的卫生现状和解决办法。作者通过问卷调查、实地考察、访谈与咨询专家和实验检测等方法对共享单车的使用情况、车把卫生状况、车把消毒情况和消毒方法进行调研。研究显示有近九成北京市民使用过单车，说明单车卫生会影响很多人的健康。实地考察、访谈、专家咨询与实验检测等多种方法得出的结果均显示：车把很不卫生。综上所述，作者提出以下建议：①共享单车车把存在卫生问题，建议相关部门尽快制定相关清洁标准，由共享单车运营公司定期消毒并由卫生监督部门监督执行；建议消费者在骑行前使用酒精棉或湿巾进行擦拭。②相对光滑的车把细菌残留少。建议生产厂商在今后尽量生产光滑的车把。

【关键词】共享单车　车把　卫生　消毒

一、研究背景

自 2016 年 8 月摩拜单车进入北京市场，北京街头巷尾迅速出现了橙、黄、蓝、绿等多种颜色的共享单车[1]。这种单车可以随时随地扫码开锁，骑上就走，非常方便，因而越来越多的人加入了骑行队伍。我也曾经体验过，共享单车确实可以很好地解决公共交通到家"最后一公里"的难题[2]。但是，我发现有的单车的车把非常脏，人们使用了这样的单车会不会产生卫生问题呢？我记得在科学课上老师讲过有关细菌与疾病的关系，他说过人的手掌就是一个细菌滋生与传播的环境。日本研究者曾使用 ATP 酶荧光检测法调查发现，手远比我们想象的要脏，手掌的细菌是马桶圈的 5 倍，如果指甲过长，细菌数甚至能达到马桶圈的 10 倍以上[3]。2015 年，美国卡布利洛学院的女技术员曾将自己儿子的小手"印"在装有果冻的餐盘上，然后放到实验室的孵化器内培养，结果长出了一副"小手细菌图"[4]（图 1）。假如有一个人重感冒，他刚用手捂着嘴打了一个喷嚏，那么手上可能会沾上很多的细菌或病毒。这时如果他去使用共享单车，那么车把上必然会沾上这些致病的微生物，在他后面使用

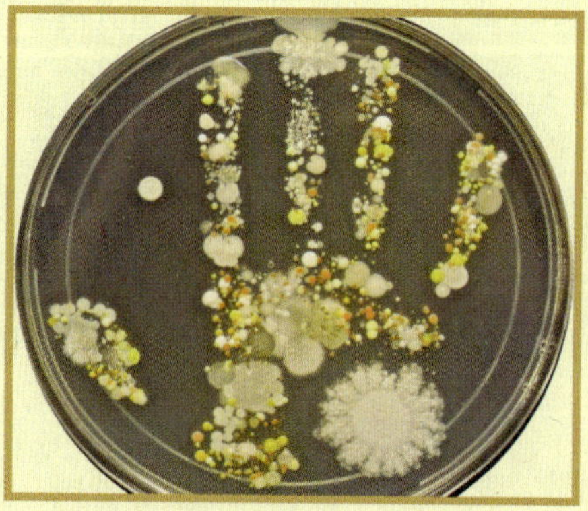

图 1　小手细菌培养图[4]

的人可能就会被传染。这说明共享单车的车把可能存在一定的卫生安全隐患，容易造成疾病的交叉感染。《北京晚报》也曾报道，共享单车车把细菌数量明显多于自家使用的自行车[5]。

由此，我提出了以下问题。

（1）共享单车车把到底有多少细菌?

（2）哪一种车把所沾染的细菌更少呢?

（3）如何清洁共享单车车把?

二、研究目的

（1）通过问卷调查，了解共享单车的使用与消毒现状。

（2）通过对比不同类型车把细菌总数，寻找相对安全卫生的车把类型。

（3）通过对比不同消毒方法消毒前后车把上细菌残留量，寻找一种便捷有效的消毒方法。

（4）根据结果进行分析，向单车生产厂商与单车使用者提出减少车把细菌的建议。

三、研究方法与研究过程

1. 研究计划

表 1　研究计划

编号	研究方法	时间	地点或对象	研究内容
1	发现问题	2017 年 4 月	北京街头	通过观察发现，很多人出行都使用共享单车，但是没看到有人对车把进行消毒
2	确定选题	2017 年 6 月	北京第二实验小学、北京市西城区科技馆	与老师多次沟通，确定选题
3	查阅资料	2017 年 4—9 月	家中、图书馆	查阅有关细菌传播、细菌检测等知识
4	实地考察	2017 年 7 月	北京市第八中学高中部、湾子地铁站、马家堡地铁站	考察共享单车使用、车把卫生现状及常见车把类型

编号	研究方法	时间	地点或对象	研究内容
5	问卷调查	2017 年 7 月	父母的同事和朋友、在校大学生等	了解共享单车使用及消毒现状
6	实验检测	2017 年 8 月	湾子地铁站、广源小区、手帕口桥	使用 ATP 荧光法检测共享单车车把卫生状况
7	实验检测	2017 年 9 月	首都医科大学	通过细菌菌落总数快速测试片法检测共享单车车把卫生状况
8	咨询专家	2017 年 9 月	佑安医院	就共享单车车把的卫生状况、消毒方法、监管办法等问题咨询医院专家，听听专家的意见
9	数据分析	2017 年 8—9 月	家中、学校、西城区科技馆	对问卷调查和实验数据进行整理、分析、总结
10	撰写报告	2017 年 9—10 月	家中、学校、西城区科技馆	讨论、撰写、修改、完成报告

2. 查阅资料

（1）网络查询

了解细菌及细菌传播的主要途径、了解共享单车车把卫生状况的研究现状。

（2）图书与文献查询

查阅图书《微生物学》《微生物简史 · 危险的杀手》了解细菌与细菌感染的概念；

查阅图书《微生物检测验证技术》《环境工程微生物检验手册》了解物体表面细菌检测方法与技术；

使用数据库（CNKI）进行文献检索，查阅 ATP 荧光快速检测法的原理及具体操作步骤；

使用数据库（CNKI）进行文献检索，查阅细菌菌落生成总数计数的原理及操作步骤。

3. 研究流程

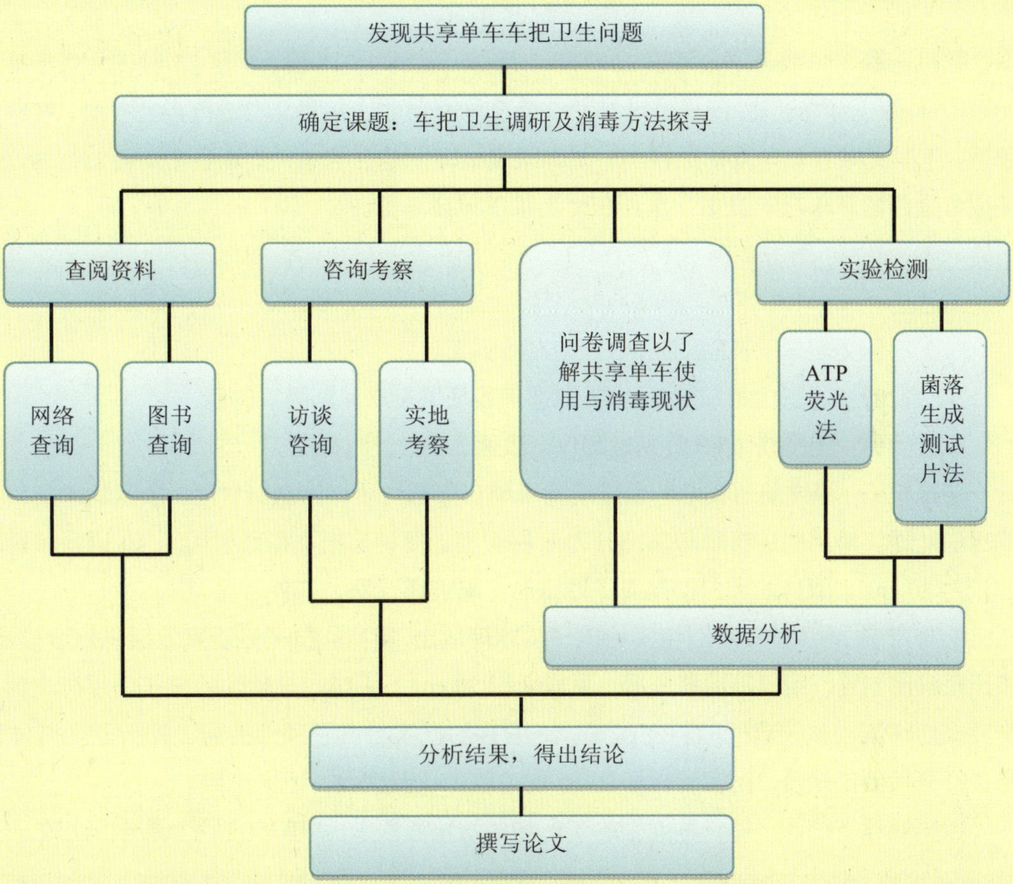

图 2 研究流程图

4. 问卷调查

为了解共享单车使用者占总人群的比例，以及他们在使用过程中是否消毒及所使用的消毒方法等问题，我设计了调查问卷并通过“问卷星”手机应用程序与微信问卷向普通民众随机发放，共发放问卷 193 份，收回问卷 193 份，有效问卷 193 份。

5. 实地考察

随机选取 3 个地点，分别于 2017 年 7 月 26 日、8 月 18 日、9 月 23 日在北京市第八中学高中部南门、广安门外湾子地铁站西北口及马家堡地铁站西北口进行实地考察。考察内容包括：①常见共享单车及车把种类；②肉眼观察车把是否洁净；③观察使用者的行为，例如使用者是否留意车把的卫生、是否在使用前擦拭或消毒。

6. 实验检测

（1）不同类型车把表面细菌 ATP 荧光检测实验

实验目的：通过检测车把上 ATP 的量来表征微生物（细菌）的量

实验用具：手持式 ATP 荧光检测仪、表面 ATP 检测拭子

采样方法：经过前期实地考察发现共享单车车把材质均为塑料材质，按照其印花和不同的粗糙处理将常用的共享单车车把分为 6 种类型。每种车把类型随机检测 10 辆，车辆取样面积为 20 cm^2。取样地点分别是湾子地铁站、马连道北路、广外社区。

检测方法：检测前半小时将实验拭子从冰箱取出，待实验拭子恢复室温后开始取样检测。拔出塑料密封管，用棉签涂抹车把，采样面积 20 cm^2。采样时旋转实验拭子使采样均匀。采样完成后将实验拭子放回塑料密封管。一分钟后把实验拭子顶部的阻流棒折断使液体流下来。打开检测仪顶盖，把实验拭子在 10 秒内放入仪器读数，记录结果。

数据处理与统计：每一种类型的车把细菌残留量取 10 辆单车的平均值进行比较。

图 3　ATP 荧光法检测用具

图 4　消毒用品

图 5 ATP 荧光法检测过程

（2）不同类型车把表面细菌菌落总数计数实验

实验目的：通过培养车把上残留的细菌并计数生成的菌落数来表征微生物（细菌）的量。

实验用具：3M Petrifilm 菌落总数测试片、15 ml 无菌离心管、无菌棉签、磷酸盐缓冲液（氯化钠 8g，氯化钾 0.2 g，十二水磷酸氢二钠 3.17 g，磷酸二氢钾 0.2 g，以去离子水溶解并定容至 1 000 ml，122℃，50 分钟高压灭菌后晾凉备用）。

采样方法：6 种类型车把都进行采样，每种车把类型随机检测 4 辆，车辆取样面积为 2 cm^2。

检测方法：使用磷酸盐缓冲液蘸湿的无菌棉签对车把处进行擦拭，擦拭面积为 2 cm^2。擦拭之后，将采样棒放入盛有 5 ml 无菌磷酸盐缓冲液的无菌离心管内。采样结束后将所有离心管放在细菌培养箱内，180 转/分震摇 20 分钟，使棉签上的细菌充分溶解到磷酸盐缓冲液中。在无菌操作台内，用 1 ml 的微量加样器吸取 1 ml 缓冲液（已含有车把细菌），将其均匀滴在细菌总数测试片上，轻轻放下上层膜并用压板轻轻压下使含有细菌的液体均匀分散开。1 分钟后待培养基凝固后放入 36℃细菌培养箱进行培养。48 小时后，计数细菌菌落。

数据处理与统计：对每一类型取 4 辆共享单车车把的菌落总数进行判读后，计算每平方厘米的菌落总数。然后取平均值进行比较。

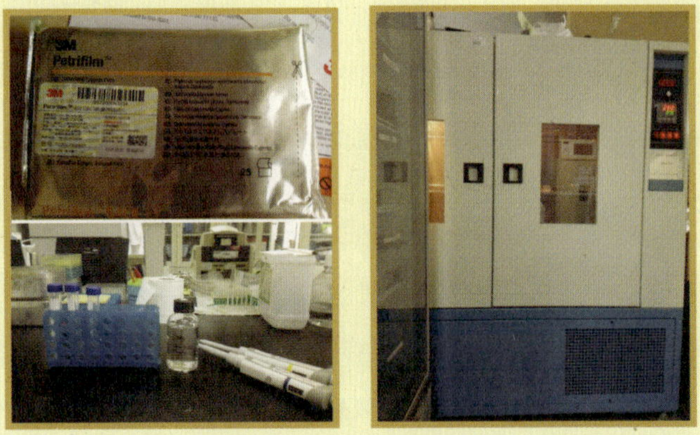

图 6　细菌总数计数实验材料与仪器

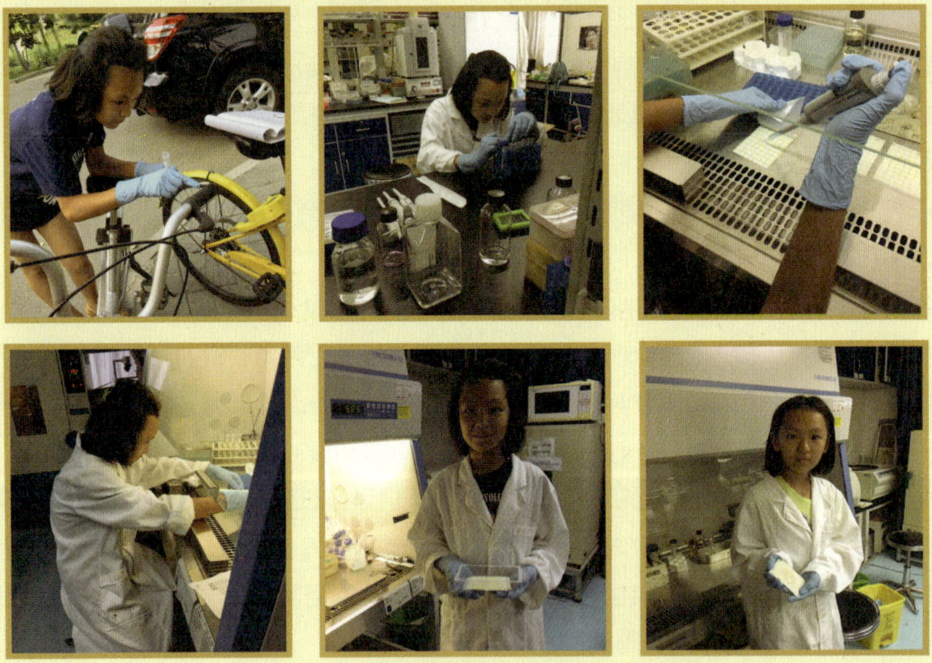

图 7　车把细菌采样及细菌总数计数实验过程

（3）消毒前后车把表面细菌 ATP 荧光检测实验

实验目的：通过检测车把表面 ATP 荧光值比较不同方法消毒前后细菌残留量。

实验用具：酒精棉片、湿纸巾、手持式 ATP 荧光检测仪、表面 ATP 检测拭子。

消毒方法：分别用酒精棉片或湿纸巾擦拭共享单车车把，每个车把使用 1 片。

采样方法：每种车把类型取 10 辆共享单车，平均分成两组，一组使用酒精棉片消毒，另一组使用湿纸巾消毒。每辆单车分别于消毒前测试一次，在消毒后再测试一次。

检测方法：同 6（1）。

数据处理与统计：①用消毒后数值除以消毒前数值获得消毒后细菌残留百分比。分别求得所有车辆经过酒精棉片或湿纸巾消毒后的细菌残留百分比的平均值，二者比较可对比不同消毒方法的效果。②分别求得不同车把类型经过消毒后细菌残留百分比的平均值，可以比较不同车把类型对消毒效果的影响。

（4）消毒前后车把表面细菌菌落总数计数实验

实验目的：通过培养消毒前后车把上残留的细菌并计数生成的菌落数来比较不同的消毒方法效果。

实验用具：酒精棉片、湿纸巾、3M Petrifilm 菌落总数测试片、15 ml 无菌离心管、无菌棉签、磷酸盐缓冲液。

消毒方法：分别用酒精棉片或湿纸巾擦拭共享单车车把，每个车把使用 1 片。

采样方法：每种车把类型取 4 辆共享单车，平均分成两组，一组使用酒精棉片消毒，另一组使用湿纸巾消毒。每辆单车分别于消毒前取样一次，在消毒后再取样一次。车辆取样面积为 2 cm^2。

检测方法：同 6（2）。

数据处理与统计：同 6（3）。

7．采访咨询

共享单车使用者访谈提纲

①您是否经常使用共享单车？
②您是否对共享单车的车把卫生状况担忧？
③您每次骑行前是否对车把进行消毒，使用什么方法消毒？

（1）对共享单车使用者访谈，了解他们对共享单车卫生状况的了解及骑行前消毒情况。在湾子地铁站附近随机选取 4 名使用者进行访谈，经对方同意后对访谈过程进行录像保存。

共享单车维护者访谈提纲

①您公司是否对共享单车的车把或车座进行消毒？
②使用什么方法消毒？

（2）对共享单车维护者访谈，了解运营公司对于共享单车的消毒情况。在湾子地铁站附近对 1 名维护者进行采访。

（3）对医学专家进行访谈咨询，听听专家的意见与建议。2017 年 9 月 2 日，我来到佑安医院肝病与肿瘤生物治疗科，针对共享单车车把问题对专家进行采访。

专家姓名：鲍旭丽　副主任医师

工作单位：佑安医院肝病与肿瘤生物治疗科

医学专家访谈咨询提纲

①您认为共享单车车把是否卫生，为什么？
②从医学角度出发，您对共享单车使用者有什么建议？
③从医学角度出发，您对共享单车运营公司有什么建议？
④从医学角度出发，您对卫生监管部门有什么建议？

图 8 采访照片

四、研究结果

1. 资料查询结果

（1）网络查询

- 细菌（学名：Bacteria）是生物的主要类群之一，属于细菌域，也是所有生物中数量最多的一类。细菌的形状相当多样，主要有球状、杆状以及螺旋状。细菌是许多疾病的病原体，包括肺结核、肺炎、炭疽病、腹泻、鼠疫等疾病都是由细菌所引发。
- 细菌传播途径包括空气传播、经水传播、经食物传播、接触传播等，其中接触传播包括直接接触和间接接触。被污染的手在间接传播中起特别重要的作用。
- 《北京晚报》曾使用菌落计数法检测共享单车车把，发现车把细菌含量确实偏高。说明这是一个值得我们关注的问题。但是经查询并未找到关于共享单车车把的清洁操作标准。

（2）图书文献查询

- 物体表面细菌残留量检测方法包括快细菌总数快速测试片技术、免疫学法、PCR法、基因芯片技术、ATP 生物发光技术等，其中最便捷、最常用的是快速测试片法和 ATP 生物发光技术[6]。
- ATP 荧光技术原理：是对微生物体内 ATP 含量进行荧光检测，通过相对发光强度（Relative Light Unit，RLU）对微生物含量进行定量[7]。
- 3M Petrifilm 细菌总数快速测试片法的原理：测试片本身含有培养基，并且培养基中预先添加了着色剂，这样可以直接计数菌落。

2. 问卷调查结果

（1）一共发放 193 份问卷，回收 193 份问卷，有效问卷 193 份。问卷来源以北京地区为主（图 9）。

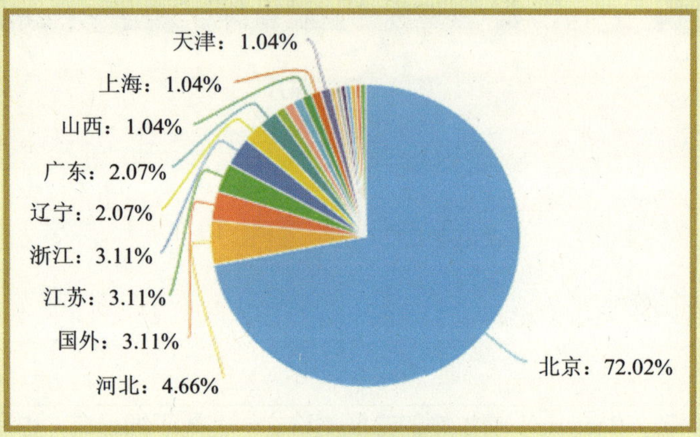

图 9　调查问卷来源分析

（2）人群中有 86.01%的人使用单车，38.34%的人经常使用单车（图 10）。其中 62.17%的人认为车把不卫生（图 11），但仅有 4.15%的人会经常进行车把消毒（图 12）。

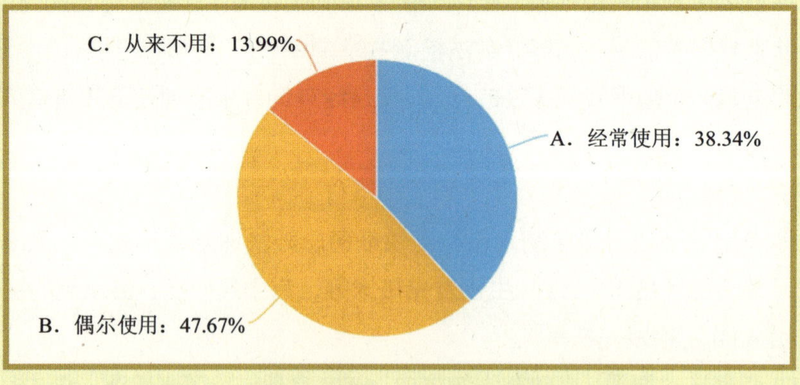

图 10　使用共享单车人群在总人群中的占比

问卷的主体来源于北京市，还包括了其他 8 个省、直辖市及少数国外人群。

由图 10 可见，绝大多数人都使用共享单车，而经常使用者高达 38.34%。

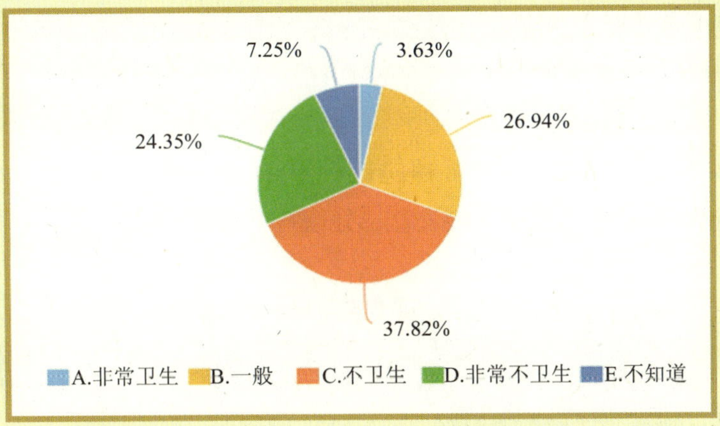

图 11　使用者对共享单车车把卫生状况估计

由图 11 可见，绝大多数人都认为共享单车车把不卫生，而认为非常不卫生的达到 24.35%。

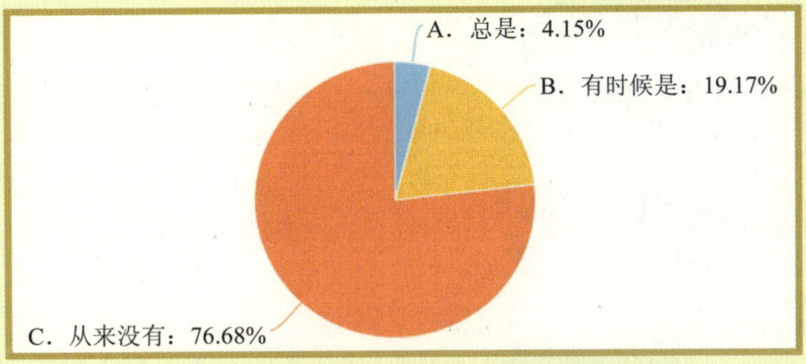

图 12　使用者对共享单车车把消毒情况

由图 12 可见，绝大多数人在使用过程中都不消毒，只有 4.15%的人总是消毒，19.17%的人偶尔消毒。

3. 实地考察结果

（1）通过考察，我们发现常用的共享单车车把一共有 6 种，均为塑料材质。按照花纹和粗糙处理的不同，我们进行了编号。

（2）在实地考察中我们观察到大部分车把都不洁净，车把的印花中明显存在污垢。

（3）对共享单车使用者的行为进行观察，在几次的考察中未见到一人进行车把擦拭消毒。

常用的共享单车车把类型一共有 6 种，其中“摩拜”有 3 种，“ofo”有 2 种，“Bluegogo”有 1 种。每一品牌的车把，它们的印花与粗糙处理各不相同（表 2）。

表 2　常用共享单车车把汇总与编号

车把图片	单车品牌	车把编号
	摩拜	M-1
	摩拜	M-2
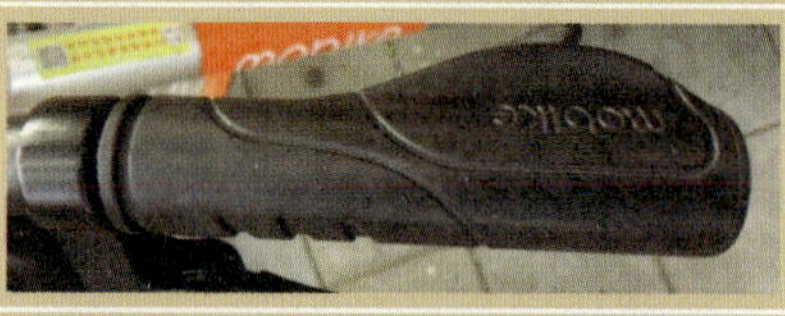	摩拜	M-3
	ofo	O-1
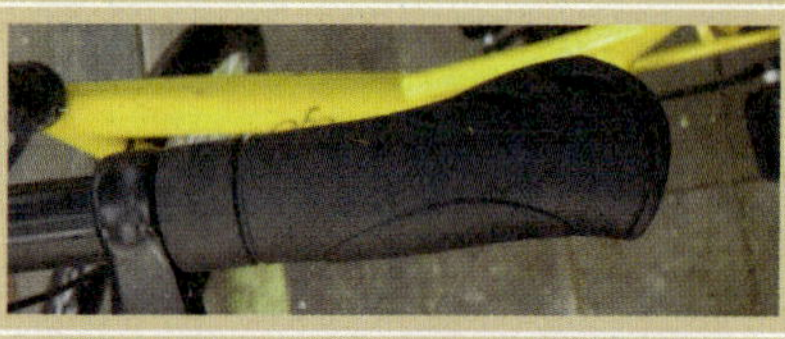	ofo	O-2
	Bluegogo	B-1

4. 访谈结果

（1）共享单车使用者访谈：4 名受访者表示经常使用共享单车，但基本不在骑行之前进行擦拭或消毒。

（2）共享单车维护者访谈：2 名 ofo 单车维护者表示，他们每日只对共享单车进行基本使用功能的检查，并不做消毒处理。

（3）医学专家咨询：佑安医院鲍旭丽医生表示车把可能存在微生物污染，对车把的细菌含量情况监测和适当消毒很有必要。尤其是对于抵抗力低下及手部有损伤的骑行者，更应该在骑行前进行车把消毒。如果有相关部门参与监督效果会更好。

5. 实验检测结果

（1）ATP 荧光检测结果

每种类型的共享单车随机抽取10辆，一共检测了60辆。检测的平均值为894.35 RLU/20 cm^2，最小为48 RLU/20 cm^2，最大值已超过检测范围，记录为9 999 RLU/20 cm^2。

（2）细菌菌落总数计数结果

每种类型的共享单车随机抽取 4 辆，我们一共检测了 24 辆。检测的平均值为 211.04 CFU/cm^2，最小为 17.5 CFU/cm^2，最大值为 1 000 CFU/cm^2。

6. 不同车把类型细菌含量对比研究结果

表 3　不同车把类型细菌含量对比

车把编号	ATP 荧光检测结果平均值/（RLU/cm^2）	菌落总数平均值/（CFU/cm^2）
M-1	32.7	196.88
M-2	15.02	38.13
M-3	17.37	104.38
O-1	29.94	221.5
O-2	44.21	304.38
B-1	62.11	453.75

（1）ATP 荧光法检测结果显示 B-1 的细菌含量最高，O-2、M-1 次之，M-2、M-3 含量最少（图 13）。

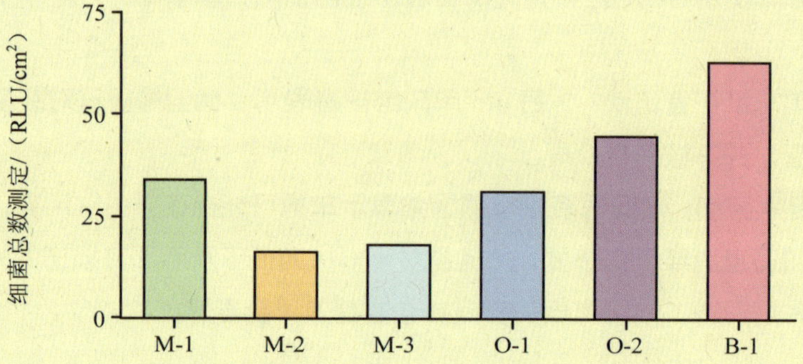

图 13　ATP 荧光检测法显示不同类型车把细菌含量对比

（2）细菌菌落总数显示，B-1 的细菌含量最高，O-2、O-1、M-1 次之，M-2、M-3 较少（图 14～图 15）。

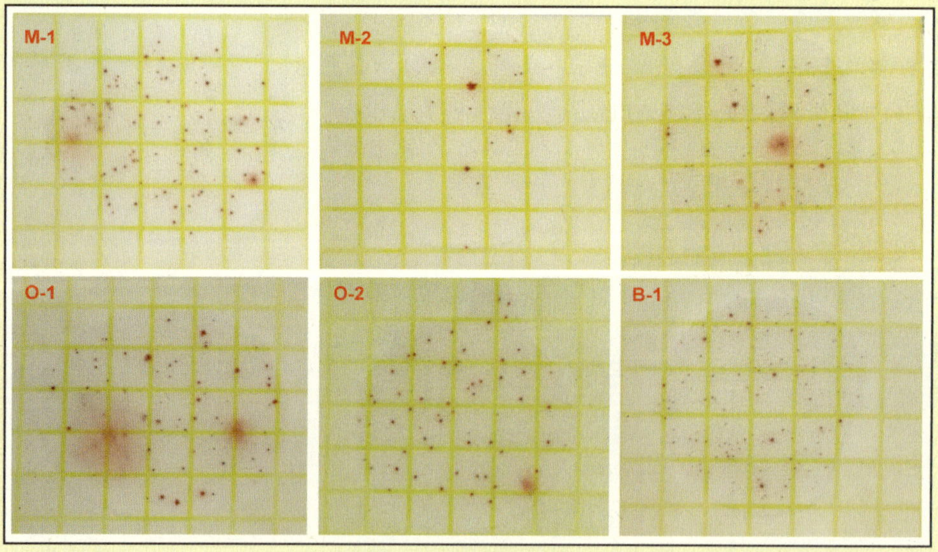

图 14　细菌总数测试片代表性结果

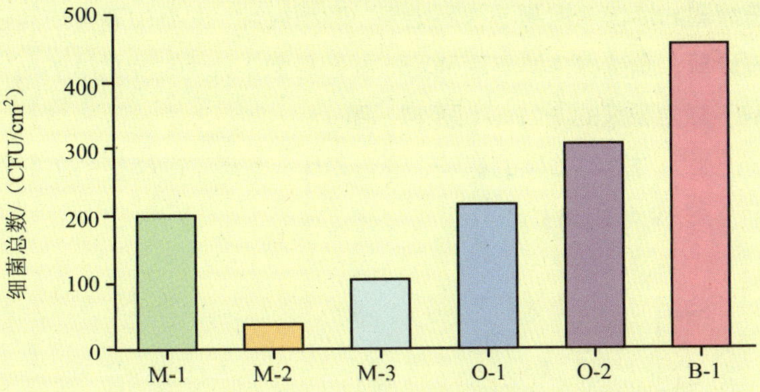

图 15　细菌总数测试片法显示不同类型车把细菌含量对比

7. 不同消毒方法效果对比

表 4　不同消毒方法效果对比

单位：%

车把编号	酒精棉片消毒 ATP 下降比例	酒精棉片消毒菌落总数下降比例	湿纸巾消毒 ATP 下降比例	湿纸巾消毒菌落总数下降比例
M-1	15.67	2	6.53	1.85
M-2	45.81	12.5	17.27	3.85
M-3	25.01	1.39	12.45	8.59
O-1	32.68	0.67	7.89	10.79
O-2	33.4	1.72	7.75	7.14
B-1	30.91	0.38	17.35	11.04
平均	30.58	3.11	11.54	7.21

（1）ATP 酶荧光检测法检测结果显示酒精棉片、湿纸巾消毒前后细菌含量差异均非常显著。经过计算，酒精棉片消毒后残留的细菌 ATP 为原来的 30.58%，湿纸巾消毒后残留的细菌 ATP 为原来的 11.54%（图 16）。

（2）细菌总数测试片快速检测法检测结果：酒精棉片、湿纸巾消毒前后细菌含量差异均非常显著。经过计算，酒精棉片消毒后残留的细菌总数下降为原来的 3.11%，湿纸巾消毒后残留的细菌总数下降为原来的 7.21%（图 17～图 18）。

（3）不同车把类型对消毒效果的影响：通过对比，发现不同类型的车把对于消毒的效果没有明显的影响（图 19～图 20）。

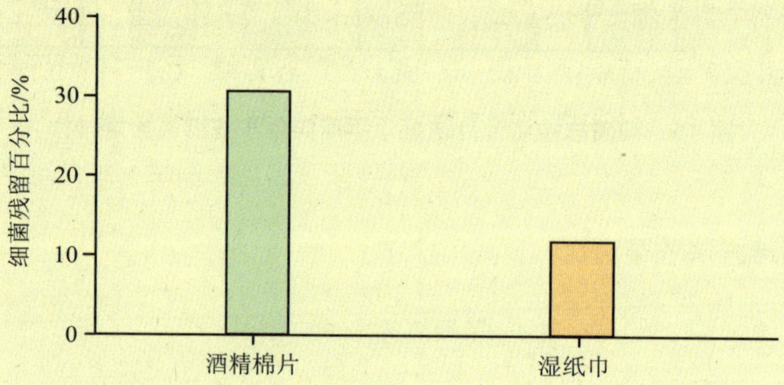

图 16　ATP 荧光法检测不同方法消毒后细菌残留对比

由图 16 可见，两种消毒方法均能有效去除细菌达 69%以上。

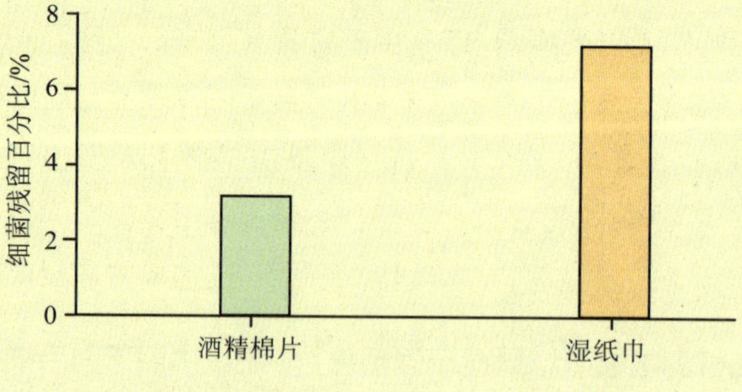

图 17　细菌菌落总数计数法显示不同方法消毒后细菌残留量对比

由图 17 可见，两种消毒方法均能有效去除细菌达 90%以上。

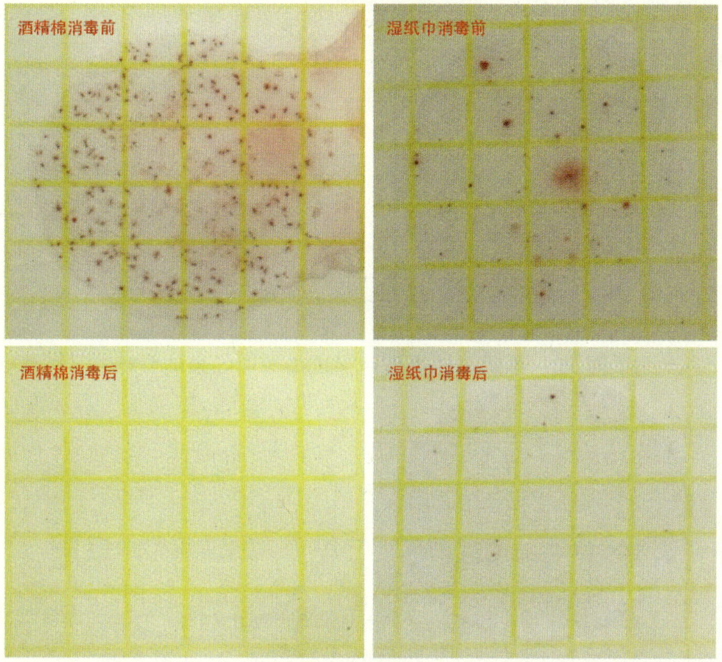

图 18　不同方法消毒前后细菌菌落总数代表性结果

由图 18 可见，无论使用酒精棉片还是湿纸巾消毒后，菌落生成都明显减少。

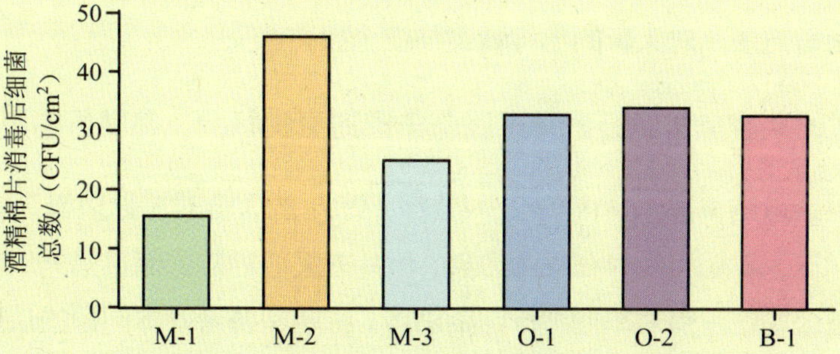

图 19　不同车把类型对酒精棉片消毒效果的影响

由图 19 可见，酒精棉片消毒对不同类型车把均有明显抑菌效果。

由图 20 可见，湿纸巾对不同类型车把均有消毒效果。

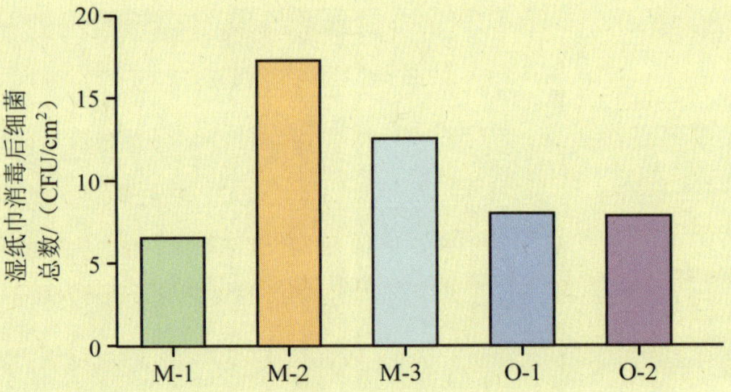

图 20 不同车把类型对湿纸巾消毒效果的影响

五、分析与讨论

1. 共享单车使用人群覆盖范围很广，与每个人的健康息息相关

调查问卷显示，人群中有 86.02%的人使用单车，38.34%的人经常使用单车。说明共享单车的使用人群很广泛。艾瑞咨询的调查研究数据表明，单辆共享单车的日均骑行次数在为 4～6 次以上[8]。而查阅资料显示，手掌可携带并传播大量细菌。那么共享单车的车把经过多人多次的手掌接触，极有可能沾染细菌。这导致共享单车的车把可能存在一定的卫生安全隐患，容易造成疾病的交叉感染与传播。因此，积极地寻找一种细菌残留量少的车把类型并探索一种有效的消毒方法，对大家的出行健康与安全很有意义。

2. 大多数的共享单车骑行者并不注意车把的卫生状况，在骑行前不做清理或消毒

我们的问卷调查结果显示，仅有极少数（4.15%）的人会对车把消毒。对使用者的采访也显示大家虽然认为车把可能存在细菌污染，但并未采取相应的消毒措施。对共享单车维护者访谈显示运营公司也没有对车把进行定期消毒。说明消费者对本问题的认识不充分，运营公司也没有对单车的卫生状况进行把关，这为共享单车的车把卫生安全埋下了隐患。

3. 本研究显示共享单车车把卫生状况不佳

实地考察结果显示大多数车把上存在肉眼可见的明显污垢，且有传播细菌的苍蝇停落在

上面，提示车把很有可能存在大量细菌污染。手部由于接触环境复杂，且骑单车本身是一种运动，容易使手部出汗，这些都是导致污垢与细菌较多的因素。

使用 ATP 荧光检测法和细菌总数测试片快速检测法两种方法进行实验检测，发现不同品牌、不同类型车把均存在不同程度的微生物污染。其中“Bluegogo”细菌数最高，“ofo”次之，“摩拜“最低。在所有采样的共享单车中，ATP 荧光法检测显示数值最低的是 48 RLU/20 cm^2，最高的甚至超过 9 999 RLU/20 cm^2。而细菌总数测试片法检测也显示最少的菌落生成数为 18 CFU/cm^2，最多的达到 1 000 CFU/cm^2。根据《医院消毒卫生标准》（GB 15982—2012）中Ⅳ类环境物体表面平均菌落总数不得超过 10 CFU/cm^2，这表明所有共享单车的车把卫生均不合格[9]。

经采访，专家的观点也认为车把可能存在微生物污染，对于车把的细菌含量情况监测和适当消毒很有必要。尤其是对于抵抗力低下及手部有损伤的骑行者，更应该在骑行前进行车把消毒。

4. 有印花和粗糙处理的车把比表面光滑的车把细菌数多

实验检测，发现不同品牌、不同类型车把均存在不同程度的微生物污染。其中“Bluegogo”细菌数最高，“ofo”次之，“摩拜”最低。由于影响不同品牌之间的细菌含量的因素比较多，如日均骑行次数。艾瑞咨询的调查研究数据表明，“ofo”日均骑行次数 6 次以上，但“摩拜”日均骑行次数仅为 4 次[6]。使用频次可能是“ofo”车把细菌含量高于“摩拜”的原因之一。同一品牌之间这种影响较小，我们对比发现同一品牌之间，有印花和粗糙处理的车把如 M-1 和 O-2 细菌数偏高，而同样品牌表面光滑的车把细菌数明显偏少。因此，我们分析造成这种差别可能与车把的花纹与粗糙处理不同有关。

5. 对共享单车车把进行适度清洁可以明显消除大多数细菌

我们采用了两种不同方法（ATP 荧光检测法和细菌总数测试片快速检测法）来评估酒精棉片与湿纸巾的消毒效果。其中 ATP 荧光检测法显示湿纸巾的消毒效果更好，消毒后残留细菌仅有原来的 11.4%。而细菌总数测试片检测显示酒精棉片消毒效果更好，消毒后残留细菌仅有原来的 3.11%，而湿纸巾擦拭后细菌数也下降到原来的 7.21%。我们分析这种结果的差异可能是由于两种方法的测试原理不同所造成的。ATP 荧光法测试的是细菌体内的 ATP 值，因为酒精具有杀菌的作用，经过酒精棉片擦拭后，可能部分细菌被擦掉，还有部分细菌仍然附着在车把上，但还没有完全被杀死，这时候测 ATP 仍然有数值。但是当进行培养时，这些细菌并不能存活，但是湿纸巾选用的是无酒精型的，因此不具有杀菌效果。湿纸巾的消毒作用主要体现在擦除上。正是由于两种消毒方法原理的不同和检测方法原理的不同，导致了上述结果得差异。但是，综合分析无论使用酒精棉片还是使用湿纸巾擦拭，消毒后细菌含量均显著下降。消毒效果可以达到 90%以上。这说明在骑行前进行适当的擦拭对于消除细菌是非常有效的。

六、结论与建议

1．共享单车使用人数众多，但骑行过程中很少有人主动进行消毒

建议：建议加强媒体宣传，使共享单车使用者充分了解车把卫生现状，提高公众的卫生安全意识。

2．多种方式调研显示共享单车车把卫生状况不佳

建议：建议国家卫生和计划生育委员会联合国家标准化管理委员会尽快制定有关共享单车的清洁操作标准；建议共享单车运营公司能够定期对车把进行清理或消毒，并由卫生监督所定期检查监督；建议消费者在使用共享单车之前进行消毒，如果条件不允许，未能进行消毒，也要在骑行后及时洗手以去除手上沾染的细菌。

3．研究显示有印花和粗糙处理的车把，比表面相对光滑的车把细菌数要多

建议：共享单车生产厂商在将来生产新的单车时，尽量使用印花少、表面相对光滑的车把，因为这样的车把细菌残留量低。

4．酒精棉片与湿纸巾这两种不同的消毒方法对于车把上的细菌清除都十分有效

建议：使用共享单车的消费者可以选择酒精棉片或湿纸巾中任何一种方法进行消毒。

七、下一步工作方向

1. 研究不同季节对共享单车车把卫生状况的影响

由于气温、雨雪等自然条件的不同以及骑行者是否佩戴手套等因素的影响，可能会导致车把细菌随季节而改变。通过 ATP 荧光法和菌落生成法进行检测并比对可得出结论。这对于共享单车运营公司的清洁操作有一定的指导意义。

2. 研究大雨冲刷或大雪覆盖等对共享单车车把的自然清洁作用

大雨冲刷可能会对车把有一定的冲刷洁净作用，大雪可能对于细菌也有一定的杀灭作用。通过比对雨雪前后车把细菌的含量可得出结论。这对于共享单车运营公司的清洁操作有一定的指导意义。

八、收获与体会

本课题从开始选题到具体实施以及论文写作，历时约 4 个月。总体来看，课题研究进展比较顺利。这得益于在选题阶段老师给了我很多好的建议，在确定选题之后没有做比较大的更改，因此少走了很多弯路。课题研究过程中，我学到了很多，不仅是包括知识，还包括一些课题研究的方法、做事的方法，乃至与人沟通的技巧。当然，除了收获，也遇到过挫折和困难。好在我都坚持过来了，我为自己能做到这一点感到自豪。我想以后再遇到别的困难，也不怕了。

- 我很自豪我学会了查阅资料

原来除了在百度上搜索，还可以使用数据库查询资料，还可以去图书馆检索图书。

- 通过课题研究，我了解到原来在看不见的地方还存在着另外一个世界——微生物界

微生物是一类很小、肉眼看不到的生物。他们包括细菌、病毒、衣原体、支原体、真菌等。

- 共享单车是个关系到人们健康的社会问题，我很高兴能亲自为社会做出点贡献

当第一眼看到我培养的细菌菌落时，很震撼。我猜到了共享单车车把会有细菌沾染，但是没有想到会有那么多。我想很多人可能都对共享单车的车把卫生有点担心，但是又看不见摸不着，终究不清楚车把上到底有没有细菌，有多少细菌。我想通过我的研究可以很清楚地告诉大家：有，而且有很多！这样大家就可以在出行时更加注意健康。

- 课题中遇到的困难

访谈使用者的时候，多次遭到拒绝之后，我曾经特别气馁，甚至想放弃了。但是后来有一位特别友好的叔叔，很热情地接受了采访，使我鼓起了勇气，最终完成了所有的采访。这让我明白了，做什么事情都不容易，都有可能碰到困难。但是，只要我们坚持下去，就一定可以克服困难。

九、致谢

首先我要感谢北京第二实验小学的甄奕老师和北京市西城区青少年科技馆的赵溪老师，是他们引领我进入了神奇的科学殿堂。在开展课题研究的过程中，两位老师在课题选题、设计以及论文撰写过程中给予我很多指导和帮助。有时候因为着急，经常在晚上或者节假日给老师们打电话咨询课题的事情，他们不厌其烦，一遍一遍地仔细讲解。老师们对待科学严谨、精益求精和不辞劳苦的精神，使我受益良多，值得我终身学习。另外，还要感谢在问卷调查和采访中给予支持与配合的所有人，包括共享单车使用者、维护者和医院专家。感谢首都医科大学神经生物学实验室提供无菌操作台和细菌培养箱。感谢我的爸爸、妈妈在购买检测仪器和试剂方面的全力支持，他们是我的坚强后盾，没有他们的鼓励，我不可能克服那些研究中遇到的困难。最后，还要感谢所有关注、支持和参与本课题研究的人！

参考文献

[1] 蒋梦惟，魏蔚，林子.北京需要多少共享单车[OL].北京商报网，2017-08-17. http://item.btime.com/015fu1si7c6s1r7msoti6n7pgst.

[2] 李晓红. 共享单车破解出行"最后一公里"难题[N].中国经济时报，2016-11-25.

[3] 日本研究：手上细菌是马桶圈的 5 倍[N]. 重庆晨报，2014-11-27.

[4] 高铁军. 孩子的小手上有多少细菌？[OL].人民网，2015-06-09. http://world.people.com.cn/n/2015/0609/c1002-27125218.html.

[5] 李环宇.单车虽好注意卫生哟！共享单车，原来"车把很脏"！[N]. 北京晚报，2017-03-28.

[6] 刘莉萍，张宝丽. SN 标准法和 3M Detrifilm 法检测水产品中细菌总数的比较[J]. 食品安全质量检测学报，2014，5（6）：1771-1774.

[7] 刘天钊，李晓青，刘俊江，等. ATP 荧光检测法检测医院电梯按钮表面细菌总数[J]. 集

成技术，2015，4（4）：82-86.

[8] 艾瑞咨询. 揭破共享单车数据谜团 ofo 日均使用次数 2 500 万领骑行业[OL]. 2017-05-25. http://www.chinaz.com/news/2017/0525/704891.shtml.

[9] GB 15982—2012，医院消毒卫生标准[S].

工作日志节选

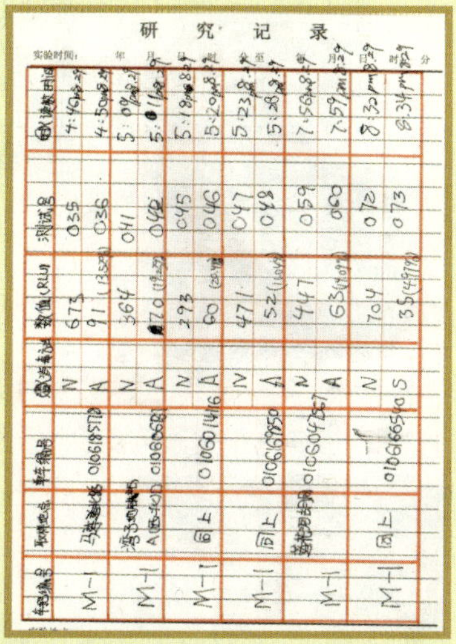

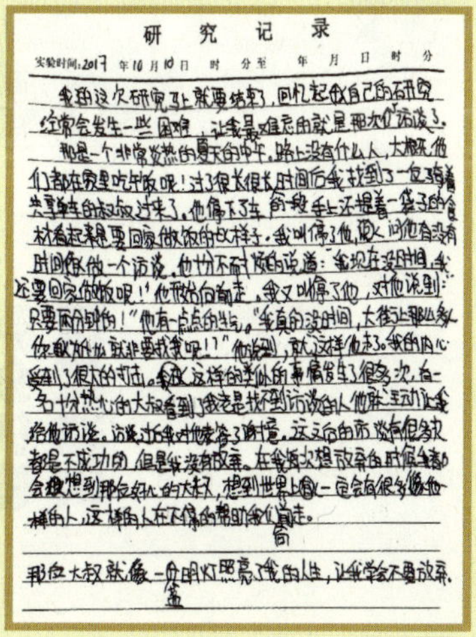

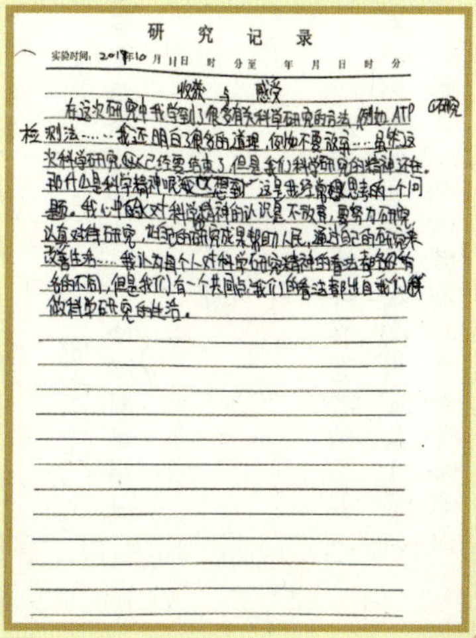

研究流程图

1. 共享单车车把到底有多少细菌?
2. 哪一种的车把所沾染的细菌更少呢?
3. 如何来清洁共享单车车把?
提出问题
共享单车由多人共同使用
手是传播细菌的媒介
1 查阅资料
2 调查问卷
3 实地考察
4 专家访谈
5 维护者访谈
6 使用者访谈
7 实验检测
分析数据
撰写论文

4 关于改进“L”形通道以方便婴儿车和轮椅出入的研究

作　者：白思邈

辅导教师：甄　奕　闫莹莹

【摘要】近年来，越来越多的开放式无人值守公园以及公共活动场所安装了“L”形通道。这种通道在发挥限制机动车和自行车进入的同时，却给婴儿车和轮椅的通行带来很大困难。我希望通过调查研究了解“L”形通道的现状及其对婴儿车和轮椅通行的影响，进而提出新型设计方案，解决现有“L”形通道存在的问题。

我采用文献研究、实地考察、问卷调查、模型实验以及专家访谈的方法对这一问题进行了调查和研究。通过实地考察测量7处不同场地的28个“L”形通道以及对比常见婴儿车、轮椅、自行车的尺寸数据，发现“L”形通道存在入口及拐弯处过窄、旁边设置的无障碍通道开放时间不合理等问题。在考察对比的基础上，我提出了两段式控制门、“之”字形竖直旋转门和“十”字形水平旋转门的设计方案。通过等比例模型验证，证明两段式控制门和“之”字形竖直旋转门可以达到保证婴儿车和轮椅顺利通行，并有效阻止自行车驶入的目的。

对于现有“L”形通道，建议通过适度加宽入口和拐弯处，合理安排无障碍通道的开放时间等措施，使它更方便婴儿车和轮椅的出行。

【关键词】“L”形通道　婴儿车　轮椅　无障碍设施　新型入口设计

一、研究背景

5月的一天，妈妈和我一起推着婴儿车带着妹妹去公园玩，经过公园的“L”形入口时，妹妹的婴儿车太大推不进去。妈妈只好先把我和妹妹送进公园，然后请了一个叔叔帮忙，费了好半天劲儿才勉强把婴儿车从“L”形入口的上方举了过去。当时我就想：这种入口太不方便了，怎样改进才能让公园的入口方便婴儿车的进入？还有坐轮椅的通行也会遇到同样的困扰吧?

我带着这些问题，开始了自己的研究。

1. 公园“L”形通道的基本情况

近年来，越来越多开放式无人值守公园入口处都安装了“L”形通道（图1），用以限制车辆驶入，净化公园环境。这种设施又称“L”形围栏、回形门、“S”形栏杆，本文统称为“L”形通道。

图 1　各开放式公园入口常见的“L”形通道

带着问题，我查阅了相关的资料，发现不仅北京，全国很多地方都有类似报道，看来这还是个全国性的难题呢。

2. 不仅公园，“L”形通道广泛存在于公共活动场所入口

进一步考察后我发现，“L”形通道不仅存在于公园入口处，在北京各区（县）的购物中心广场入口、步行广场入口也大量存在。它们的存在，同样给婴儿车和轮椅的通行带来了一定的不便。

建国门赛特购物中心广场入口

四通桥双安商场旁边广场入口

北京师范大学主楼广场东侧入口

图 2　“L”形通道广泛存在

二、研究目的和意义

1. 研究的目的

（1）了解现有“L”形通道的现状与存在的问题。

（2）提出对现有“L”形通道的改进建议。

（3）提出新型设计方案，解决现有“L”形通道存在的问题。

2. 研究的意义

（1）增强人们对特殊人群的关注。

（2）方便婴儿车和轮椅的出行。

（3）提高城市公共设施的无障碍水平。

（4）让北京更宜居，城市生活更美好。

三、研究方法及流程

1. 研究方法

表 1　研究方法和内容

<table>
<tr><th colspan="2">研究方法</th><th>阶段</th><th>地点</th><th>内容</th></tr>
<tr><td colspan="2">文献研究法</td><td>2017 年
5—9 月</td><td>家中（网络查询），
图书馆</td><td>①查询无障碍设施的基本情况；
②查询各国无障碍设施的情况；
③查询我国残疾人口、新生儿、老年人口数量；
④查询“L”形通道的相关报道；
⑤查询婴儿车、轮椅、自行车的相关数据</td></tr>
<tr><td rowspan="3">调查法</td><td>实地考察</td><td>2017 年
8—9 月</td><td>马甸公园、元土城遗址公园、海淀公园、北京师范大学等地</td><td>实地考察北京多个公园和广场的“L”形通道的存在情况，并详细测量记录通道数据；
同时，收集和测量不同型号婴儿车、轮椅、自行车的尺寸信息，进行对比分析</td></tr>
<tr><td>问卷调查</td><td>2017 年
9 月</td><td>网络调研
（“问卷星”APP 工具）</td><td>调查社会公众对公园或广场入口“L”形通道的普遍性、便利性的看法，以及存在的问题和改进意见</td></tr>
<tr><td>访谈</td><td>2017 年
8—10 月</td><td>公园、广场</td><td>在实地考察和问卷调查的基础上，对推婴儿车和乘坐轮椅的特殊人群进行访谈；具体了解他们对“L”形通道的看法、遇到的困难和改进建议等</td></tr>
</table>

研究方法	阶段	地点	内容
实验法	2017 年 9—10 月	西城区科技馆、家中	通过草图设计、纸板模型、“乐高”LDD 电脑辅助设计，最后用“乐高”积木制作精确的等比例模型，来分析新设计方案的有效性以及存在的问题，从而不断改进并验证设计方案
数据统计分析	2017 年 9—10 月	家中	整理收集到的数据，进行统计分析
总结与论文撰写	2017 年 10 月	家中	根据研究的结果，归纳总结得出研究的结论并撰写论文

2. 研究流程

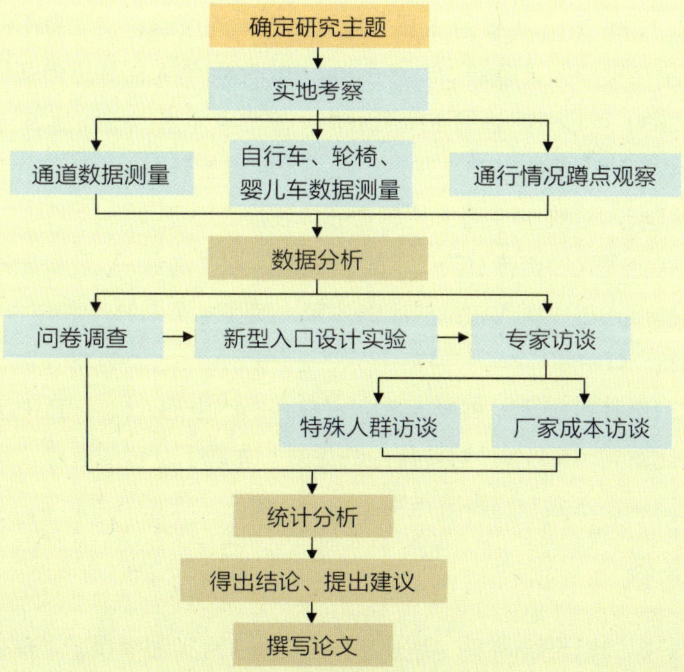

图 3　研究流程图

四、研究过程及结果

1. 文献研究

通过查阅相关资料，我了解到目前北京市行动不便群体的数量巨大，近年来有上升的趋势，这势必造成婴儿车和轮椅使用量的增加。

（1）随着"二胎"政策的放开，婴儿出生率会持续保持在较高水平

2015 年北京出生人口为 17.2 万人，2016 年为 23.97 万人，同比增长 14.7%。根据 2016 年 1 月 8 日《北京日报》的报道，"据测算，自全面两孩政策实施后，北京可以生二孩的育龄妇女将增加 236 万人，2017 年出生人口总量将达到 30 万人。"那么婴儿车的使用人群数量也会随之增加。

（2）人口老龄化加剧，老年人口比重逐年上升

根据北京市统计局数据，2015 年末，北京市常住人口中 65 岁及以上人口为 222.8 万人，比重为 10.3%。根据 2016 年 5 月 5 日《京华时报》的报道，"北京市户籍人口老龄比例在全国排第二，全市平均每天净增 500 余名 60 岁以上老年人，并且仍在快速增长，老龄化形势十分严峻。2030 年北京将达到重度老龄化，户籍老年人口占比超过 30%。"人口基数的增多，则会导致腿脚不便的老年人对轮椅的需求数量上升。

（3）北京残疾人总数 99.9 万人，其中肢体残疾 35.5 万人

根据第六次全国人口普查及第二次全国残疾人抽样调查，以及我国残疾人占全国总人口的比例和各类残疾人占残疾人总数的比例测算，我国残疾人总人数约为 8 502 万人，占总人口比重的 6.34%。其中肢体残疾 2 472 万人，占残疾人口比重的 29.1%。

其中，北京市共有残疾人 99.9 万人，占总人口比重的 6.5%。其中肢体残疾 35.5 万人，占残疾人人口比重为 35.53%。对残疾人的关爱，体现了社会的进步，作为首都，北京更需要在无障碍设施建设方面起到表率作用。

2. 实地考察

在爸爸、妈妈的轮流陪同下，我在 2017 年 8—9 月实地考察了 7 座公园 28 个"L"形入口，记录了 57 组测量数据。

图 4　实地测量“L”形通道入口宽度及测量记录

表 2　公园或广场“L”形通道入口尺寸统计　　　　单位：cm

序号	代号	名称	入口地址	入口宽度	通道宽度
1	门 1	元土城遗址公园	花园路	60	60
2	门 2		花园路	64	60
3	门 3		花园路	60	60
4	门 4		花园路	69	68
5				71	65
6	门 5		北太平庄路	61	60
7				58	61
8	门 6		北太平庄路	65	65
9				56	71
10	门 7		北太平庄路	62	60
11				58	60
12	门 8		北太平庄路	68	56
13	门 9		北土城西路	59	59
14				59	59
15	门 10		北土城西路	60	60
16				60	60
17	门 11		北土城西路	59	53
18				59	55

序号	代号	名称	入口地址	入口宽度	通道宽度
19	门 12	马甸公园	马甸桥北	62	57
20				62	60
21	门 13		马甸桥北	62	57
22				59	57
23	门 14		马甸桥北	58	62
24				60	64
25	门 15		马甸桥北	60	58
26				64	68
27				64	57
28				64	71
29	门 16	万泉河绿地	海淀公园东	60	60
30				59	61
31	门 17		海淀公园东	60	63
32	门 18		海淀公园东	57	64
33				66	57
34	门 19	长春健身园	蓝靛厂北路	76	59.5
35	门 20		蓝靛厂北路	59	61
36				57	61
37	门 21		蓝靛厂北路	58	61
38				56	61
39				58	61
40				57	61
41				56	61
42				56	61
43	门 22		蓝靛厂北路	57	56
44				58	57
45				58	61
46				57	57
47				56	57
48				57	57

序号	代号	名称	入口地址	入口宽度	通道宽度
49	门 23	巴沟	万泉庄路	56	66
50	门 24	山水园		57	53
51	门 25	北京师范大学	北师大邮局入口	62	56
52				58	58
53	门 26		北师大西南门	48	48
54				46	46
55	门 27		主楼广场东侧入口	59	55
56				55	55
57	门 28	汇通祠	德胜门西大街	48	48
58			均值	59.5	59.4

数据统计显示，这些 “L”形入口的宽度均值为 59.5 cm，通道宽度均值为 59.4 cm。我又通过测量和文献查阅，详细记录了常见几种轮椅和婴儿车的尺寸数据。

表 3 婴儿车和轮椅数据统计 单位：cm

类别	类型	总宽度	总长度	总高度
婴儿车	“好孩子”婴儿推车	66	96	116
	“金童百岁”婴儿推车	65	80	100
	“酷豆丁”婴儿推车	60	65	113
	“好孩子”丘比特伞车	49.5	72	104
	“亿宝莱”婴儿推车	65	90	118
	“Teknum”婴儿推车	63	107	116
	“Babyjoey”婴儿推车	60	96	110
	均值	61.2	86.6	111.0
轮椅	小型	57	87	84
	中型	60	87	95
	大型	66	104	98
	均值	61.0	92.7	92.3

数据显示，轮椅的平均宽度为 61 cm，婴儿车的平均宽度是 61.2 cm，都超过 59.5 cm，与目前“L”形入口的数据存在明显的差异，必然造成婴儿车和轮椅的通行困难。

为了在之后的创新设计中验证其能否有效阻止自行车的进入，我还详细测量了不同型号自行车的数据。

表 4　自行车数据测量统计　　单位：cm

自行车类型	总宽度	总长度	总高度
“小蓝车”	65.5	172	106
“小蓝车”（扭转前把）	61	135	106
“摩拜”	58	150	100
“摩拜”（扭转前把）	54	120	100
“小黄车”	58	155	103
“小黄车”（扭转前把）	58	140	103
普通自行车 1	64	160	103
普通自行车 2	58	182	97
均值	59.6	151.8	102.3

另外，2017 年 9 月 2 日 10：00—11：00，我在北京市海淀区元土城遗址公园旁门进行了一个小时观察记录，这期间共有 13 辆婴儿车和 10 辆轮椅通过，平均每 2.6 分钟就有一次对无障碍通道的需求。

3. 问卷调查

基于上面的初步考察和分析，我在甄奕老师和闫莹莹老师的指导下，用“问卷星”手机应用程序设计了调查问卷。通过网络、微信分发问卷，共回收到 169 份有效问卷。调查问卷的结果显示：

（1）“L”形通道广泛分布于北京市各区（县）的无人值守公园、步行广场入口

169 份关于北京地区公园入口“L”形通道的问卷调查显示，有 72.19%的人经常遇到这种设施，26.63%的人偶尔遇到，只有 1.18%的人表示从未遇到。

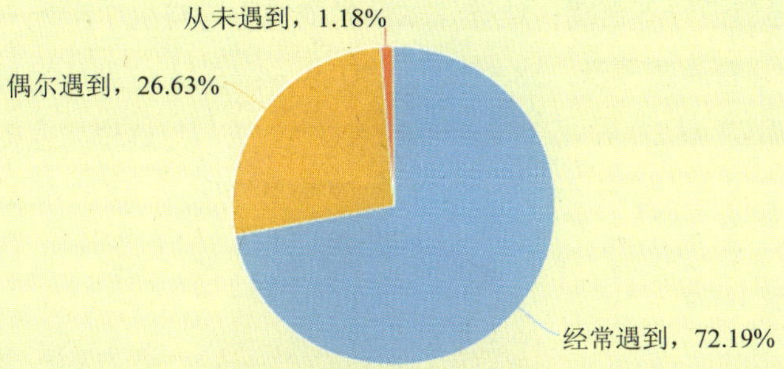

图 5 公园或广场等公共设施入口处遇到“L”形通道情况

（2）“L”形通道的主要目的在于限制车辆驶入

公园的游园须知中明确规定：“公园在开放时间，禁止汽车、三轮车、自行车进入”。在与公园管理人员的交谈中，我确认了这种通道存在的主要目的在于限制汽车、三轮车、自行车的进入。169 份调查问卷的结果也印证了人们对于这一目的的认可。89.94%的人认为设置这种通道的目的是限制车辆进入，也有 42.01%的人认为它可以减轻公园管理人员的入口管理压力。

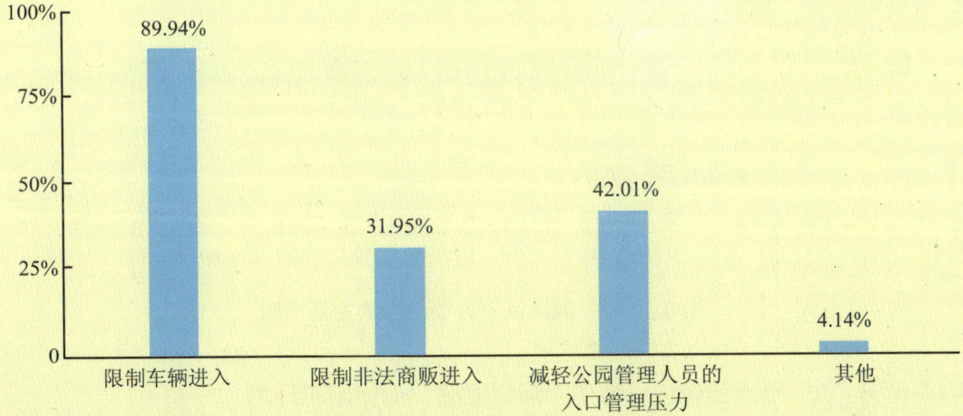

图 6 设置“L”形通道目的认可度调研

（3）"L"形通道设计不合理，给婴儿车和轮椅的出行带来了困扰

回收的 169 份问卷调查显示，58.58%的人和 39.64%的人分别认为其非常不方便和不太方便使用，占总人数的 98.22%，仅有 1.78%的人认为"L"形通道方便使用。

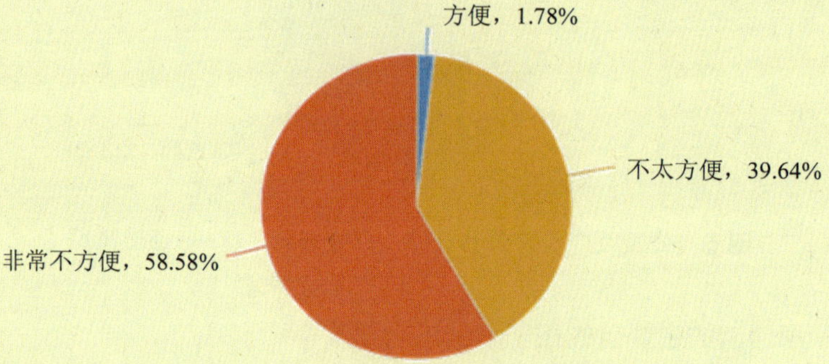

图 7 "L"形通道使用便利性调查

关于不方便的主要原因，56.8%的人认为"L"形通道入口太窄，71.6%的人认为拐弯处太窄，造成轮椅和婴儿车无法通行。

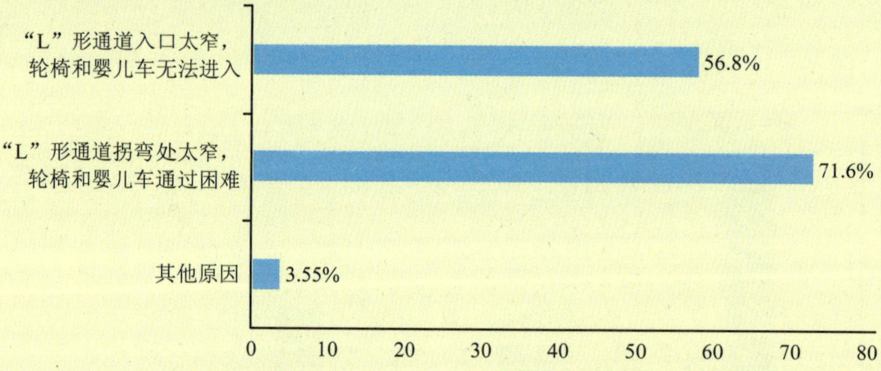

图 8 "L"形通道不方便使用的主要原因

（4）部分"L"形通道旁边设置了无障碍通道，但作用不理想

观察中发现，有些"L"形通道旁边虽然设置了无障碍通道，但经常上锁，并未充分发挥其作用。调查问卷的结果也印证了我的观察发现。

12.43%的人认为"L"形通道旁设置了专供婴儿车和轮椅使用的无障碍通道，34.32%的

人认为部分“L”形通道旁有这种无障碍设置，31.95%的人则认为没有。

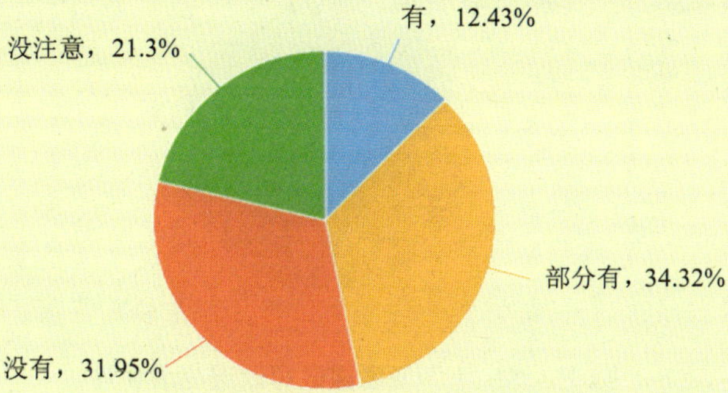

图 9 “L”形通道附近是否有供婴儿车和轮椅使用的无障碍通道

对于“L”形通道旁边设置的无障碍通道，44.38%的人认为其因常年上锁（28.4%）或定时上锁（15.98%）而不方便使用。

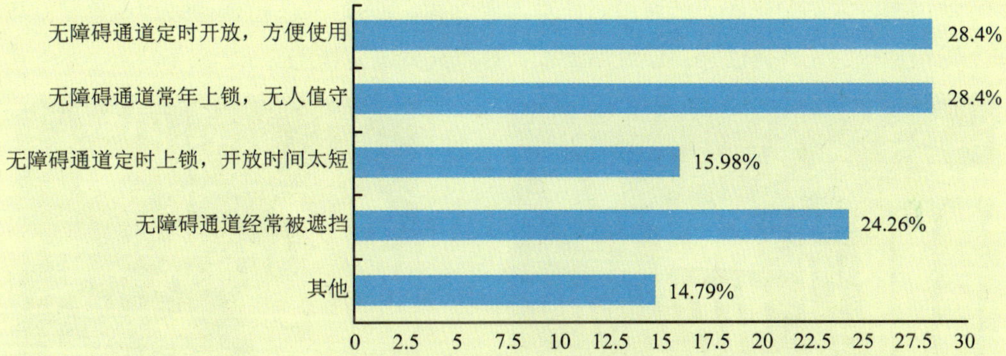

图 10 “L”形通道附近无障碍通道使用情况的调查

（5）调查问卷结果显示，有必要对“L”形通道进行改进

问卷调查结果显示，91.12%的人认为有必要对“L”形通道进行改进。

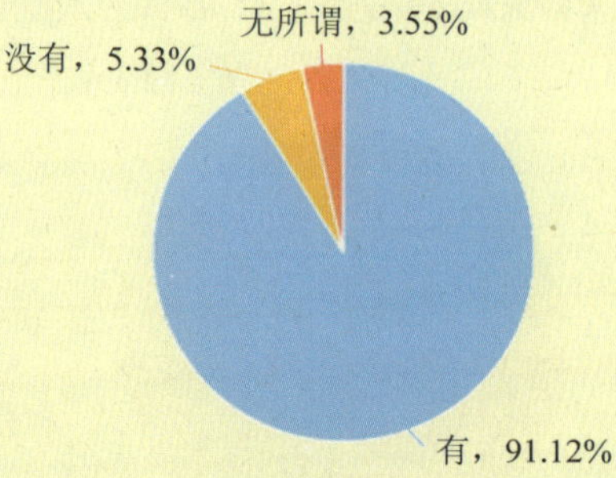

图 11　对“L”形通道进行改进的必要性

4. 访谈

在考察各个公园的同时，我也针对“L”形入口的存在和使用情况对普通游人和婴儿车、轮椅的使用者以及部分公园管理人员进行了访谈。有几位受访者向我反映“L”形通道入口和拐弯处过窄，大部分轮椅无法通过。还有人告诉我，部分“L”形通道旁边设置了专攻婴儿车、轮椅通行的无障碍通道，但经常上锁，并未充分发挥作用。

图 12　上锁的无障碍通道

图 13　讲述被困经历的退休老人

访谈中，我了解到一位退休老人曾因使用的电动轮椅没电，未能在规定时间驶出公园定期开放的无障碍通道，而被困园中长达 1 个小时。

为了了解“L”形通道及我所设计的新型入口方案的成本，我通过电话访谈的形式，对 3 家“L”形通道生产厂家进行了询价。目前的“L”形通道造价约 100 元/m，对于一处约 4 m

宽的公园入口，其费用约为 1 200 元。通过对生产智能控制门的擎博智能科技（上海）有限公司的电话访谈，我了解到带感应器的一组对开门价格约 3 000 多元，两组联动（即控制第二个门在第一个门未关闭时不能开启）需要约 7 000 元，旋转自动门的造价 7 000～10 000 元。

5. 模型实验

在发现“L”形通道的问题后，我开始想简单地通过拓宽“L”形通道来解决问题。但是进一步的研究发现，“L”形通道由于存在直角转弯，给婴儿车尤其是负重更大的轮椅的通行带来了麻烦。我希望通过创新设计，达到既能使婴儿车和轮椅顺利通行，又能阻止自行车、三轮车等进入的目的。于是我先在纸上画出了创新设计的草图，又在闫莹莹老师的指导下分别用纸板、橡皮泥等制作了立体模型。同时，还购买了婴儿车和轮椅的立体模型，进行实验。在实验过程中，我发现纸板模型不够稳定，尺寸不够精确，不能让我百分之百确认模型的可行性。同时购买的婴儿车和轮椅的模型大小固定，不能保证与我的模型等比例匹配。

图 14　纸板橡皮泥制作的“之”字形旋转门

图 15　纸板两段式控制门模型

于是，在闫莹莹老师的建议下，我先采用“乐高”LDD（Lego Digital Designer）进行了前期的设计工作，之后在甄奕老师和闫莹莹老师的协助下，用“乐高”积木做出了同比例的 3 种创新设计的入口模型，模型与实际入口的比例为 1∶22.5。根据“乐高”入口模型的比例计算出自行车、轮椅的模型尺寸数据（表 5），然后使用牙签和橡皮泥做出等比例自行车和轮椅进行实验。结果发现其中的两种创新设计入口模型非常有效。

表 5　模型实验数据　　单位：cm

类型	项目	宽度	长度	高度
两段式控制门	实际	70	110	
	模型	3.1	4.9	
	比例	22.5	22.5	
“之”字形旋转门	实际	70	110	
	模型	3.1	4.9	
	比例	22.5	22.5	
“十”字形旋转门	实际	110	110	
	模型	4.9	4.9	
	比例	22.5	22.5	
轮椅	实际	66	105	120
	模型	2.9	4.7	5.3
	比例	22.5	22.5	22.5
自行车	实际	58	120	100
	模型	2.6	5.3	4.5
	比例	22.5	22.5	22.5

五、结论与分析

通过总结分析问卷调查的结果，再结合实地考察和访谈，我得出以下结论。

1. “L”形入口和通道设计宽度小于常见婴儿车和轮椅宽度，导致常见婴儿车和轮椅通行不便

实地测量发现，目前公园中“L”形通道的入口宽度均值为 59.5 cm，通道宽度均值为 59.4 cm，而常见婴儿车的平均宽度是 61 cm，轮椅的平均宽度为 63 cm，都超过了 60 cm。由于设计中的不足，婴儿车和轮椅不可能进入“L”形通道。

2. 问卷和访谈的数据表明，“L”形通道给婴儿车和轮椅的出行带来了很大不便，亟待改进

“L”形通道设计的初衷在于限制车辆驶入，广泛分布于北京市各区（县）的无人值守公园、步行广场入口。但是由于设计不合理，给婴儿车和轮椅的出行带来了困扰，受影响最大的群体是婴儿和残障人士。文献研究表明，北京市这一群体数量庞大，且近些年有不断增长的趋势。另外，部分“L”形通道旁边设置了无障碍通道，但由于管理不善，发挥作用有限，91.12%的调查对象认为有必要对“L”形通道进行改进。

3. 模型实验证明，创新设计方案可以保证婴儿车和轮椅顺利通行

我希望通过创新设计，达到既能使婴儿车和轮椅顺利通行，又能阻止自行车、三轮车等的进入。在通过模型试验不断地尝试、修正之后，我提出了以下创新设计方案。

（1）两段式控制门

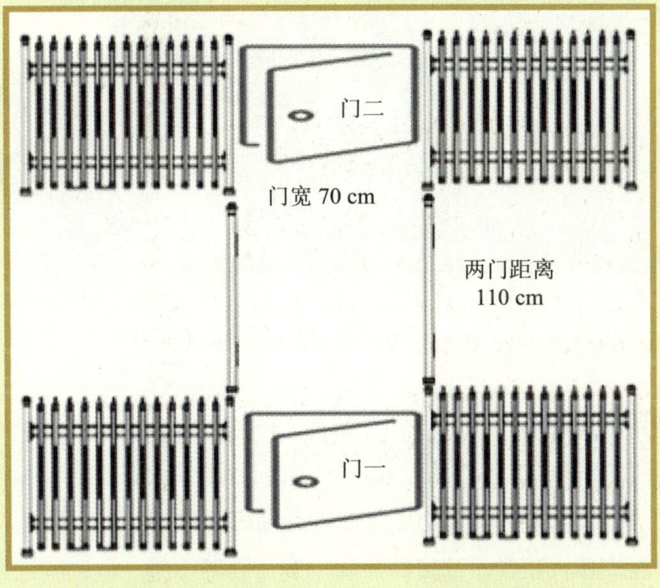

图 16　入口创新设计方案一：两段式控制门

两段式控制门要求两门不能同时开启，可由传感器控制。当门一开启时，门二关闭，轮椅或婴儿车由门一进入。进入后，待门一完全关闭后，门二方可开启。这时只要控制两门之间的距离稍大于婴儿车和轮椅的长度而小于自行车的最短长度（前把扭转）即可。鉴于轮椅和婴儿车的最大长度在 107 cm，自行车的最短长度 120 cm，因此建议两门距离控制在 110 cm 左右。

如图 17 所示，我用“乐高”积木块按照 1∶22.5 的比例制作了模型。按照同等比例，我制作了简易的自行车和轮椅模型进行测试，结果证明这种门可以有效防止自行车的驶入，同时保证轮椅的顺利通行，此门的设计是可行的。

图 17　两段式控制门等比例实验

（2）“之”字形竖直旋转门

“之”字形竖直旋转门旨在通过“之”字形转轴在竖直面上的旋转达到使车辆分两段进入的目的。如图 19 所示，门一在右侧时，婴儿车或轮椅可由左侧进入，到达门一和门二之间时，推动门二向右侧竖直旋转，在整个“之”字转轴的带动下，门一同时向左侧旋转，当门二完全旋转至右侧时，门一完全旋转至左侧，此时婴儿车或轮椅可由门二左侧驶出。鉴于轮椅和婴儿车的最大长度在 107 cm，自行车的最短长度为 120 cm，因此建议两门距离控制在 110 cm 左右。这样，因为自行车或三轮车因其长度过长，无法完成整个旋转过程而不能顺利通过。

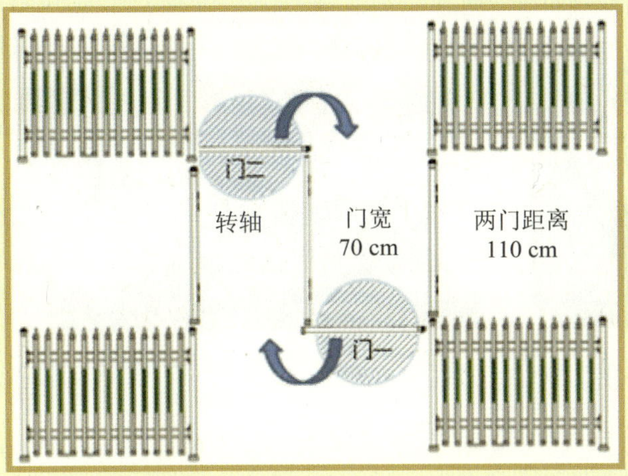

图 18 入口创新设计方案二：“之”字形竖直旋转门（设计草图+LDD 设计图）

图 19 “之”字形竖直旋转门“乐高”模型图

如图 20、图 21 所示，我用“乐高”积木块按照 1∶22.5 的比例制作了模型。按照同等比例，我制作了简易的自行车和轮椅模型进行测试，等比例实验证明“之”字形竖直旋转门是可行的，能够保证婴儿车和轮椅的顺利通行，并能有效阻止自行车的驶入。

图 20　自行车无法通过"之"字竖直旋转门

图 21　轮椅可以通过"之"字竖直旋转门

（3）"十"字形水平旋转门

受目前广泛应用于高档酒店、写字楼的旋转自动门的启发，我设计了"十"字形水平旋转门。此门以十字交叉点为转轴水平旋转，每扇门的宽度控制在 105～115 cm 即可保证婴儿车和轮椅的通过，同时阻止自行车的驶入。另外，每扇门并不需要像旋转自动门那样是一扇完全密闭的门，只需要一个能起到阻挡作用的细长挡板就足够了。挡板的位置建议设置在 50～80 cm 处，起到阻挡自行车、三轮车的作用。

如图 22 所示，我通过按照同等比例 1∶22.5 制作了"十"字形水平旋转门和简易的自行车轮椅模型进行测试，结果证明这种门可以有效防止自行车的驶入。但是轮椅的通行仍不是特别便利。因此，此方案还需要进一步改进。

图 22　入口创新设计方案三："十"字形水平旋转门（LDD 设计图+乐高模型）

4. 成本分析显示，创新设计方案在经济上是可行的

通过对 3 家“L”形通道生产厂家的调查，目前的“L”形通道造价约 100 元/m，对于一处约 4 m 宽的公园入口，其费用约为 1 200 元。

如果采用创新设计方案一的两段式控制门，因其要求有控制模块对门一和门二不能同时开启进行控制，成本会有所增加。通过对生产智能控制门的擎博智能科技（上海）有限公司的电话访谈，我了解到带感应器的一组对开门约 3 000 多元，两组联动（即控制第二个门在第一个门未关闭时不能开启）需要约 7 000 元。但如果能够批量生产，其成本可大幅下降。

创新方案二的“之”字形竖直旋转门因为目前市场上并无类似的产品，无法对其具体成本进行估计。但因其不需要智能控制，只是以机械的转轴方式工作，粗略估计其成本与目前的“L”形通道成本相近。

创新方案三的“十”字形水平旋转门的原型旋转自动门的造价为 7 000 ~ 10 000 元。但因我提出的方案三是极为简化版的旋转门，靠手动方式旋转，因此造价较市场上复杂的旋转自动门应该会低很多。

六、建议

1. 对于考虑新增“L”形通道的公园或广场，建议安装可供婴儿车和轮椅通行的新型设计入口

新型设计入口可参考我提出的创新设计方案一和方案二：两段式控制门和“之”字形竖直旋转门。尤其是两段式控制门因其严格控制车辆分两段进入且操作简单，可以非常好地实现原“L”形通道的设计初衷，同时又方便婴儿车和轮椅的出入。

2. 对于没有配备无障碍通道的“L”形通道，建议对其入口及拐弯处加以改造

实地考察的 7 座公园或广场 28 个“L”形通道的 57 组测量数据显示，目前“L”形入口的宽度均值为 59.5 cm，通道宽度均值为 59.4 cm。婴儿车和轮椅的常见宽度在 57 ~ 66 cm。因此建议“L”形通道的入口和通道宽度设置为 67 cm。拐弯处加宽至 70 cm，方便婴儿车和轮椅的转向。这样可以保障绝大多数婴儿车和轮椅的顺利通过。

3. 对于已有无障碍通道的公园或广场，建议管理部门合理安排开放时间

部分公园在"L"形通道附近设置了无障碍通道，说明公园管理部门已经考虑到了婴儿车、轮椅的通行需求。然而进一步的调研发现，无障碍通道存在开放时间不合理等问题。因此建议公园管理部门在公园出入的高峰时段，例如，上午8：00—11：00，下午3：00—5：00（夏季日照时间长，可适当延长开放时间如上午7：00—11：00，下午3：00—7：00），采用有效措施，切实保障无障碍通道的开放。同时，在公园入口处明确告知开放时间，设置并公布应急响应电话。

4. 建议加强宣传教育，进一步提升广大公民的文明素质

在很多发达国家的公园或广场没有这种设施，但也很少发生自行车等随便进入的情况，主要归功于公民整体素质的提升。因此，建议政府加强宣传教育工作，提升广大公民的文明意识，让市民自觉遵守各项规定，降低管理成本。

七、下一步工作方向

下一步工作主要是进一步优化创新设计方案，完善技术细节。然后选择原材料，争取做出与实际情况相同的等比例的模型，估算出比较准确的成本。然后通过自行车、轮椅以及婴儿车实地测试来实验和确认，为其推广进行更充分地可行性论证。

八、收获与体会

1. 科学的发现基于生活中的细心观察

通过这次研究，我体会到了细心观察的重要性。像公园的"L"形通道入口这种问题，我们常常熟视无睹。而在研究过程中，却发现在现实生活中很多人会遇到这种困扰。而且，这次研究，我在闫莹莹老师的指导下，设计了电子调查问卷，收到了各个地区的答卷，让我更加确定了这种现象的广泛存在。

2．忙碌中收获信心和快乐

在回收问卷时发现很多人还额外填写了对我的研究的认可和鼓励。在现场考察以及访谈的过程中，绝大部分陌生人都对我的工作很感兴趣并积极配合，他们给了我很多的帮助和鼓励。这些更坚定了我不断研究下去的信心，也让我体会到了被大家认可的快乐。

3．实验工具为我插上想象的翅膀

在模型实验之前，我使用“乐高”电脑制模工具 LDD 进行了前期的设计工作。它让我可以冲破现有“乐高”积木种类的限制，充分发挥自己的想象和创造力来进行实验。

4．科学探索要靠坚持不懈的实验来检验

在实验中，我更深刻的体会是实验的重要性。在纸上画的和头脑中想象的与现实往往是有差距的。我在做模型的过程中，不断经历了想象与现实的差距，发现了存在的问题，然后在模型中，分析原因，不断探索、不断改进。这一过程，培养了我坚持不懈的科学探索态度。

九、致谢

感谢爸爸、妈妈多次带我到不同的地点进行实地考察，为我留存影像资料。感谢妈妈为我准备各种模型材料，陪伴我在不断的失败中一次次尝试以及在论文写作过程中对我的帮助和指导。感谢甄奕老师在研究问题、调查问卷设计、论文写作方面对我的认真指导。感谢闫莹莹老师在研究方法、问卷调查工具及模型制作方面对我的启发和耐心帮助。两位老师的鼓励更是给了我不断研究的动力，让我对自己的研究方向充满了信心。

参考文献

[1] 郑色深. 旋转自动门安全控制系统的设计与实现[D]. 哈尔滨：哈尔滨工业大学，2015.

[2] 杜长梅. 城市公园无障碍系统规划设计研究[D]. 福州：福建农林大学，2013.

工作日志节选

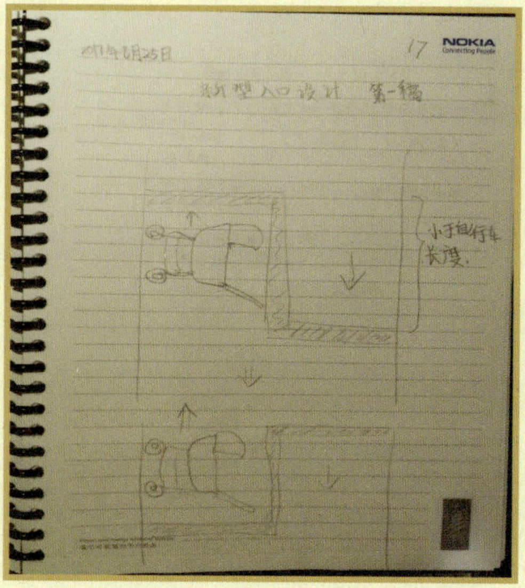
NOKIA
Connecting People
17
小手自行车长度

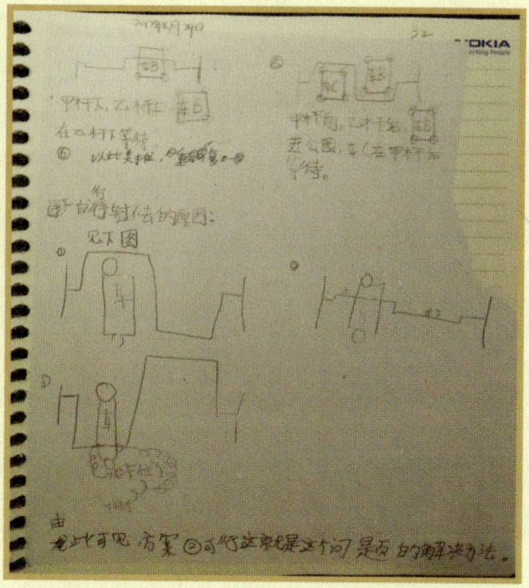
见下图

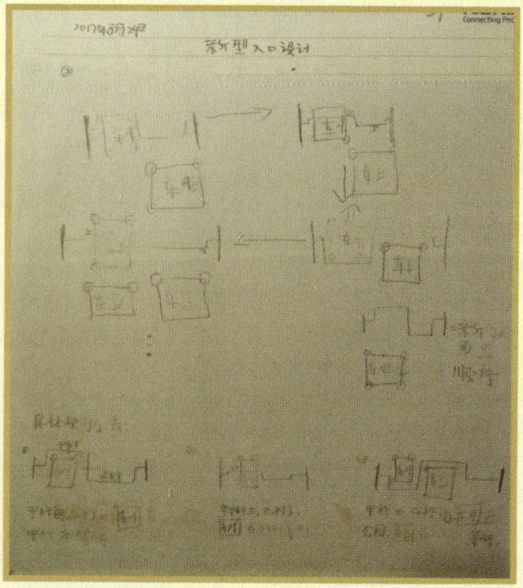
新型入口设计

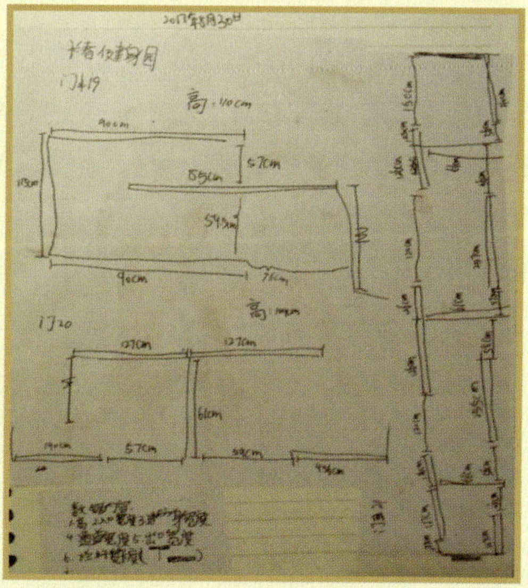
门419
高：110cm
90cm
57cm
门20
270cm
61cm
57cm

2017 年 9 月 15 日—10 月 3 日　模型实验初期的各种尝试

两段式控制门

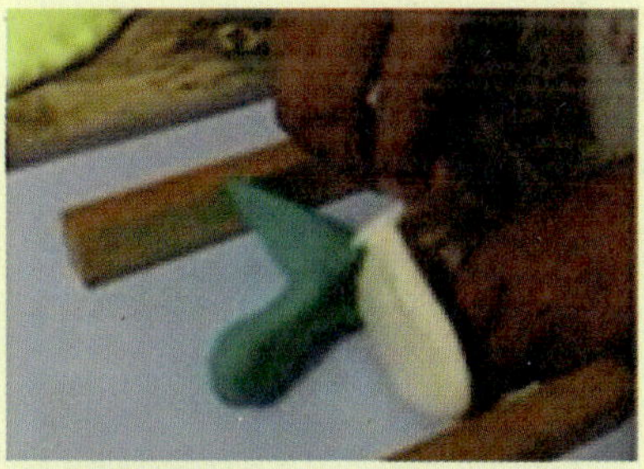

“十”字形水平旋转门

“之”字形竖直旋转门

研究流程图

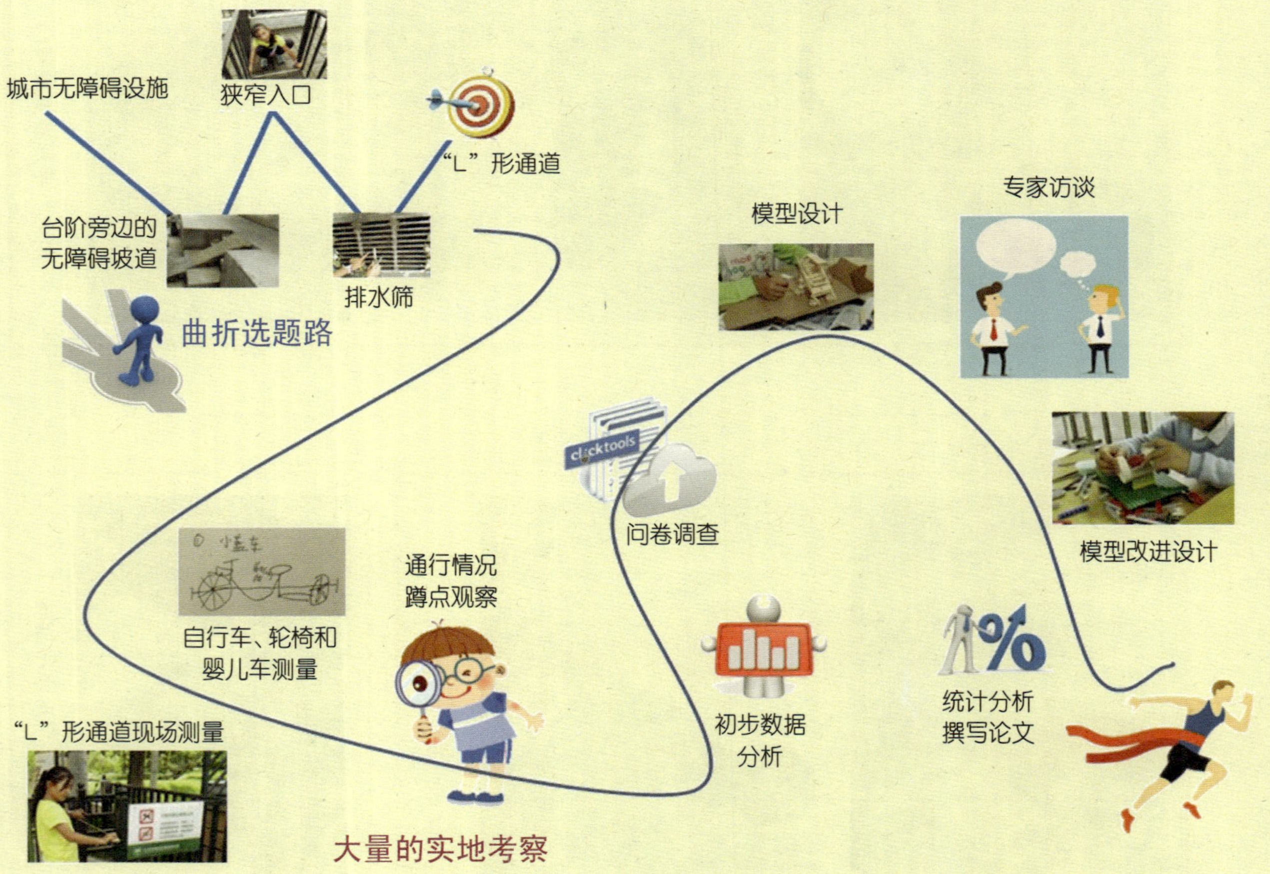
城市无障碍设施
狭窄入口
“L”形通道
台阶旁边的
无障碍坡道
排水篅
曲折选题路
模型设计
专家访谈
clicktools
问卷调查
模型改进设计
自行车、轮椅和
婴儿车测量
通行情况
蹲点观察
初步数据
分析
统计分析
撰写论文
“L”形通道现场测量
大量的实地考察

5 关于食品保鲜膜问题的调查研究

作　　者：冯量达 王培元 汪思涵
辅导教师：甄　奕　赵　溪

【摘要】我们发现市场上的保鲜膜是黄轴的，而家里的保鲜膜是白轴的，对此产生疑惑。通过调查研究，目前市场上的保鲜膜根据材质大体分为 PE（白轴芯，无毒，可以直接接触食物）、PVDC（无毒，可以直接接触食物）、PVC（黄轴芯，有毒不宜直接接触食物）3种，但大部分商家和消费者对保鲜膜材质都不了解，不太清楚如何区分保鲜膜。

我们建议国家标准化管理委员会等部门明确保鲜膜的生产及包装的国家标准，提高保鲜膜的区分度。我们希望促进食品保鲜膜的生产使用规范，并加强监督，提升保鲜膜区分度，促进使用规范。

【关键词】保鲜膜 毒性 区分度 使用规范

一、研究背景

有时家里买的西瓜特别大，如果一次吃不完，就将剩下的一半西瓜覆上保鲜膜，我注意到家里的保鲜膜轴芯为白色。有一天我在家附近看到一个西瓜摊，摊主准备了保鲜膜，提前将大大的西瓜一切两半，再用保鲜膜覆上售卖。这时我突然发现：西瓜摊的保鲜膜的塑料制品的轴芯怎么是黄色的？与家里用的白色轴芯保鲜膜有什么区别呢？

我将发现告诉了两个伙伴，他们也很感兴趣，分别问了家长，但家长都不清楚这件事。我们又分别去了自己家附近的超市去观察并询问路人，没想到结果更意外，在超市塑料制品的货架上居然没有售卖黄轴芯的保鲜膜！路人也不清楚白轴芯和黄轴芯有什么不同！带着这些问题，我们决定开展关于食品保鲜膜问题的调研。

图 1　讨论方案

图 2　观察网上购买的黄轴保鲜膜

二、研究目的

（1）了解家用塑料食品保鲜膜的相关知识及国家标准，认识家庭使用塑料食品保鲜膜的利弊。

（2）调查人们对塑料食品保鲜膜的了解程度。

（3）实地考察商家使用食品保鲜膜的情况。

（4）引导人们正确区别和使用食品保鲜膜，敦促相关部门规范商家。

三、研究方法

（1）文献研究法：网上查阅保鲜膜知识和国家标准。

（2）专家访谈法：向专家请教保鲜膜等塑料知识。

（3）调查法：包括发放调查问卷、现场访谈和实地市场观察。

（4）实验法：在北京市西城区科技馆老师指导下进行保鲜膜等塑料实验。

（5）数理统计法：对调查结果进行数据统计分析。

（6）归纳法：针对研究结果进行归纳总结，得出研究结论。

四、研究过程

1. 制订研究时间计划

2017 年 3—11 月，安排具体的时间、地点及具体工作内容、分工。

2. 选择考察地点

选择有代表性的地点进行考察、访谈、问卷调查。包括：大型商场的超市、小型超市、流动小摊、农贸市场、家庭等地点。

3. 网络查询

在“中国标准在线服务网”上查阅关于食品保鲜膜分类、价格、国家标准等知识。

4. 专家咨询

向环保专家、特级教师周又红老师（化学专业）咨询塑料知识及相关实验研究。

5. 设计并发放调查问卷

（1）设计了商家调查问卷，对商家开展调查，发放问卷 53 份，收回问卷 53 份，全部有效。

（2）设计消费者调查问卷，向北京第二实验小学五年级（16）班家长进行家庭使用保鲜膜消费调查，共收集调查记录 27 份。

（3）根据调查问卷填写工作日志记录表。

6. 设计实验

（1）采集样品：在网上采购黄轴芯保鲜膜和家里的白轴芯保鲜膜。

（2）操作方法：闻味道、燃烧测试、硝酸银溶液测试等。

（3）实验用具：集气瓶、玻璃片、玻璃试管、粗铁丝、pH 试纸、硝酸银试剂、蒸馏水等。

五、研究结果

1. 资料查阅结果

（1）保鲜膜的材料

保鲜膜的材料大致分为三类（表 1）

表 1　保鲜膜材料分类

名称	毒性	应用	备注
聚乙烯（PE）	没有毒性，对人体相对安全	可用于直接接触食品的包装，可包油脂食物，适用包装熟食、糕点、鲜肉等食品	PE 保鲜膜虽然可以加热，但温度最好不要超过 110℃，因为温度过高保鲜膜会析出有毒物质
聚偏二氯乙烯（PVDC）	没有毒性，对人体相对安全	主要用于直接接触熟食、火腿等食品的包装	—

名称	毒性	应用	备注
聚氯乙烯（PVC）	有一定毒性，有致癌作用，易造成内分泌、荷尔蒙的紊乱，对人体危害比较大	不宜用在直接接触食物的包装，特别是加热食品的包装；适用于包装不直接入口的蔬菜、水果等生鲜食品	PVC 保鲜膜在制作过程中，会加入大量塑化剂，它不溶于凉水，但在 60℃以上，或是在油脂中就会溶析出有害物质，损害健康

（2）国家标准

我们在“中国标准在线服务网”查阅食品安全国家标准等资料得知，我国早在 2009 年就已经出台了《食品用塑料自粘保鲜膜》国家标准，涵盖了 PE/PVC 保鲜膜类型，其中提到，“聚氯乙烯保鲜膜仅适用于包装不直接入口的蔬菜、水果等生鲜食品”。食品安全国家标准中对材料的具体成分、限量、检测标准等都有明确规定。

（3）保鲜膜的价格

黄轴芯的 PVC 保鲜膜价格比较便宜，同样规格大小的黄轴芯和白轴芯保鲜膜的对比见表 2。

表 2　保鲜膜价格对比

编号	种类	单价/元	规格	重量/g	每克价格/元
1	黄轴保鲜膜	36	25 cm × 300 m	1 014	0.036
2	白轴保鲜膜	10.9	30 cm × 30 m	225	0.048

（4）专家咨询结果

北京市西城科技馆的周又红老师教给我们一种辨识各种塑料的方法，为了回收塑料制品，塑料制品商会在塑料制品的底部标上一个三角形，里面有个数字，代表了塑料的类型见表 3。

表 3　塑料种类、应用与回收标识

回收标识	英文名称	中文名称	实　例
△1	PET	聚乙烯	矿泉水瓶、碳酸饮料瓶；不可以用微波炉加热
△2	HDPE	高密度聚乙烯	清洁用品塑料瓶、沐浴产品塑料瓶、塑料袋；不可以用微波炉加热

回收标识	英文名称	中文名称	实 例
3	PVC	聚氯乙烯	信用卡、保鲜膜等；不可以用微波炉加热
4	LDPE	低密度聚乙烯	保鲜膜、塑料膜；可以用微波炉加热
5	PP	聚丙烯	微波炉盒、一次性餐具盒等；可以用微波炉加热
6	PS	聚苯乙烯	发泡餐盒；不可以用微波炉加热
7	PC	聚碳酸酯	奶瓶、太空杯；不可以用微波炉加热

2. 问卷调查结果

表 4　问卷调查统计

地点		问题 1. 请您为切开的西瓜选择保鲜膜				问题 2. 对于直接入口、不需要清洗的食物，可以选择的保鲜膜材料			
		A 白轴芯保鲜膜	B 黄轴芯保鲜膜	C 都可以	D 不太清楚	A 聚乙烯	B 聚氯乙烯	C 不太清楚	D 都能用
正规超市	问卷数量/份	11	3	0	0	0	0	14	0
	合计/份	14				14			
	占比/%	78.6	21.4	0.0	0.0	0.0	0.0	78.4	0.0
小型超市	问卷数量/份	2	9	6	5	0	0	22	0
	合计/份	22				22			
	占比/%	9.1	40.9	27.3	22.7	0.0	0.0	100.0	0.0
流动小摊	问卷数量/份	0	3	3	4	0	0	9	1
	合计/份	10				10			
	占比/%	0.0	3.0	3.0	4.0	0.0	0.0	9.0	1.0
农贸市场	问卷数量/份	1	0	2	4	0	0	7	0
	合计/份	7				7			
	占比/%	14.3	0.0	28.6	57.1	0.0	0.0	100.0	0.0

地点		问题1. 请您为切开的西瓜选择保鲜膜				问题2. 对于直接入口、不需要清洗的食物，可以选择的保鲜膜材料			
		A 白轴芯保鲜膜	B 黄轴芯保鲜膜	C 都可以	D 不太清楚	A 聚乙烯	B 聚氯乙烯	C 不太清楚	D 都能用
合计	问卷数量/份	14	15	12	12	0	0	52	1
	合计/份	53				53			
	占比/%	26.4	28.3	22.6	22.6	0.0	0.0	98.1	1.9
私人家庭	问卷数量/份	16	4	2	5	11	3	11	2
	合计/份	27				27			
	占比/%	59.3	12.8	7.4	18.5	40.7	11.1	40.7	7.4
合计数	问卷数量/份	30	19	14	17	11	3	63	3
	合计/份	80				80			
	占比/%	37.5	23.7	17.5	21.3	13.8	3.8	78.8	3.8

3. 考察、观察结果

表5 现场实际观察使用及情况及问卷调查对比

编号	地点	样本数/个	黄轴使用量/个	白轴使用量/个	使用合格率/%	了解正确使用的比率/%	了解规范材质的比率/%
1	大型超市	14	6	8	57.1	78.6	0.0
2	小型超市	22	22	0	0.0	9.1	0.0
3	流动小摊	10	10	0	0.0	0.0	0.0
4	农贸市场	7	7	0	0.0	14.3	0.0
5	私人家庭	27	4	23	85.2	59.3	40.7
合计		80	49	31	39.0	38.8	13.8

4. 科学实验结果

（1）黄轴芯保鲜膜打开以后有刺鼻的味道，白轴保鲜膜没有味道。

（2）黄轴芯保鲜膜比白轴保鲜膜更具有黏性，更容易黏住，说明密封性更好。

（3）pH 试纸检测

实验发现，吸收了黄轴芯燃烧放出气体的溶液（以下简称 A 液）pH 为酸性，吸收了白轴芯燃烧放出气体的溶液（以下简称 B 液）pH 为中性，说明两者成分不同。

（4）硝酸银检测

在 A 液中加入硝酸银溶液后，A 液产生了白色沉淀，说明黄轴芯保鲜膜中含有氯元素，有一定的毒素。

在 B 液中加入硝酸银溶液后，B 液中没有白色沉淀，说明白轴芯保鲜膜中不含有氯元素。

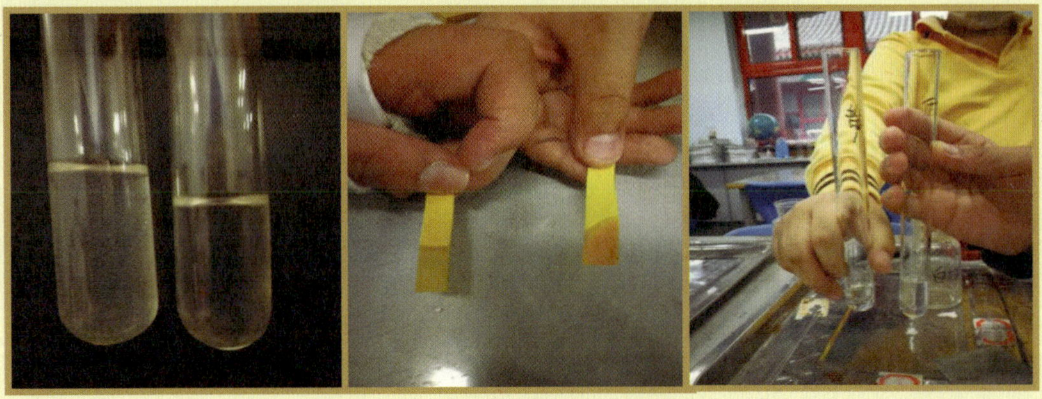

图 3　硝酸银检验结果

六、分析与讨论

1. 国家对塑料保鲜膜有明确的标准，但部分商家没有执行标准

根据目前出台和正在执行的国家标准显示，保鲜膜的包装仅规定了保鲜膜的材质，但包装没有注明适用范围，标识不易区分。因此国家相关部门应当加强执行标准的推出，要落实到位。

2. 大部分国家正规超市能够正确使用保鲜膜

在调查考察中我们发现，正规大型超市以及商场都使用白色保鲜膜，使用合格率达 57.1%，正确了解者也多达 78.6%，说明他们了解要正确使用保鲜膜，并能够严格执行这样的标准。但部分大型超市的销售人员并不知道自己为什么用对了，不懂其中的道理。

3. 价格较低及监管难，使很多小型商家选择黄轴芯的 PVC 保鲜膜

我们在调查中惊讶地发现，被调查的小型超市、农贸市场和流动小摊无一例外都是使用 PCV 保鲜膜，合格率为 0%。PVC 保鲜膜价格比 PE 保鲜膜便宜且易于从网上购买，在缺乏监管的情况下，商家倾向于选择 PVC 保鲜膜。

4. 一般家庭在家使用 PE 保鲜膜，但在外面却从不拒绝 PVC 保鲜膜

消费者调查结果显示，尽管个人家庭在自己家里使用合格率为 85.2%，这本来是比较好的现象。但进一步调查又显示家庭只有 59.3%了解正确使用要求，40.7%了解保鲜膜材质。说明他们并不了解应该使用什么样的保鲜膜，根本没有注意商家给他们使用的是黄轴芯的 PCV 保鲜膜。因此有必要加强对公众开展塑料保鲜膜的知识。

七、研究结论及建议

1. 加强专业指导

建议国家标准化管理委员会、国家卫生健康委员会、国家食品药品监督管理总局在《食品安全国家标准》中规范保鲜膜的生产标准及包装规范，增加保鲜膜的区分度，在食品保鲜膜包装中除注明保鲜膜材质以外，还需要注明保鲜膜的适用范围，例如，不能只标明 PE 保鲜膜、PVC 保鲜膜和 PVDC 保鲜膜，要明确标明各种保鲜膜属于可以直接接触入口食品类、不能接触入口食品类，以及保鲜膜安全加热温度的范围，以提醒商家及广大消费者规范使用。

2. 加强市场监管

建议国家工商行政管理总局、国家卫生健康委员会、国家食品药品监督管理总局等食品行业监管部门加强保鲜膜这种消费型包装使用的检查。尤其是对于小型超市、农贸市场、水果商家、流动菜摊加强食品保鲜膜的检查，并制定违规使用保鲜膜的惩处措施。

3. 加强宣传引领

建议食品安全部门、环保部门、街道及居委会加强食品保鲜膜的宣传，如在公交车站、地铁、网络，或是超市、商场入口处张贴保鲜膜使用的宣传画，向广大消费者宣传保鲜膜的使用区别，通过消费监督促进保险膜的规范生产。

八、研究感悟

通过对保鲜膜的调查研究，让我们发现生活中处处是学问。一分耕耘一分收获，从设计研究方案到最终答辩，大量的市场调查、资料研究，反复实验论证、论文修改以及模拟现场答辩，我们在老师的严格指导和家长的帮助下，一点点的进步和成长。

1. 着眼生活、以小见大

我们学习科学知识应当从小事做起。保鲜膜的使用虽然不是什么大事情，但在我们的生活中是很常见的。从一个不起眼的保鲜膜开启我们的科学调查很有意义。

2. 回馈社会、帮助他人

很多人缺乏关于保鲜膜的知识，不清楚怎样合理地、正确地使用。我们要用自己学到的知识通过调查和研究帮到他们。

3. 尊重科学、勇于探究

对一个问题的认识一定不能只停留在想象上，要学会用基本的科学方法研究，学会发现问题、分析问题、解决问题。

4. 宣传知识、共享成果

我们要在掌握调查结果的基础上向人们宣传保鲜膜的使用区别，并呼吁国家加强食品保鲜膜的生产使用规范、并加强食品包装安全监督。我们及家长在调查中一次次地告诫那些使用不太正确的商家，给他们宣传食品保鲜膜的使用区别，请他们正确使用食品保鲜膜。

“大鹏一日同风起，扶摇直上九万里”，科技为我们插上了腾飞的翅膀，我们将在科学领域继续探索。

九、致谢

感谢西城区青少年科技馆赵溪老师和北京第二实验小学甄奕老师在选题、实验和论文完成过程中给予我们的指导和帮助。

感谢我们三人的家长和所有予以帮助的人们。

参考文献

[1] GB 4806.1—2016，食品接触材料及制品通用安全要求[S].

[2] GB 4806.7—2016，食品接触用塑料材料及制品[S].

工作日志节选

《关于规范使用食品保鲜膜的建议》工作日志记录表

时间	2016.8.4	地点	家庭
内容			
发现家中保鲜膜的轴是白色，路边小摊的保鲜膜轴芯是黄色，与家人讨论。			
记录人：冯量达			

《关于规范使用食品保鲜膜的建议》工作日志记录表

时间	2016.9.16	地点	超市（菜市口）
内容			
发现没有卖黄轴芯保鲜膜。			
记录人：冯量达			

《关于规范使用食品保鲜膜的建议》工作日志记录表

时间	2016.12.17	地点	家乐福（双井）
内容			
观察只有白轴芯保鲜膜上面标有PE。上网查有卖黄轴芯保鲜膜上面标有PVC。			
记录人：冯量达			

《关于规范使用食品保鲜膜的建议》工作日志记录表

时间	2017.6.3	地点	西城区科技馆
内容			
向专家屈老师咨询，并在老师的帮助（辅导）下成立研究小组。			
记录人：冯量达、王培元、汪思涵			

《关于规范使用食品保鲜膜的建议》工作日志记录表

时间	2017.6.21	地点	西城科技馆
内容			
设计问卷和实验			
记录人：冯量达			

《关于规范使用食品保鲜膜的建议》工作日志记录表

时间	2017.7-8	地点	包括北京和外地54个点
内容			
由家长在外地和在北京一起发放问卷。（有附件）			
记录人：冯量达			

《关于规范使用西瓜保鲜膜的建议》工作日志记录表

时间	2017.9.3
地点	农贸市场
内容	到市场问关于保鲜膜的事，看市场人们知不知道保鲜膜的区别。结果：卖瓜者不知道区别，用黄色抽的保鲜膜。
记录者	冯量达

《关于规范使用西瓜保鲜膜的建议》工作日志记录表

时间	2017 8 30
地点	乳山
内容	访问市民，察看保鲜膜
记录者	冯量达

《关于规范使用食品保鲜膜的建议》工作日志记录表

时间	2017.10.9（~10.20）	地点	（科技馆）学校
内容			
进行燃烧实验，黄、白和各种塑料，发现黄芯有黑烟还有呛人的味道而白芯像蜡烛味。并进行照相			
记录人：冯量达、王培元			

《关于规范使用食品保鲜膜的建议》工作日志记录表

时间	2017.10.21	地点	西城科技馆
内容			
进行关于PE、PVC的定性实验，发现PE是中……包括：（燃烧）、烧后气体融于水、水中PH值、在水里加入硝酸银盐后是否出现白色沉淀的情况，发现PVC有沉淀。			
记录人：冯量达、王培元、汪思涵			

《关于规范使用食品保鲜膜的建议》工作日志记录表

时间	2017.10.23	地点	学校
内容			
讨论论文			
记录人：冯量达、王培元、汪思涵			

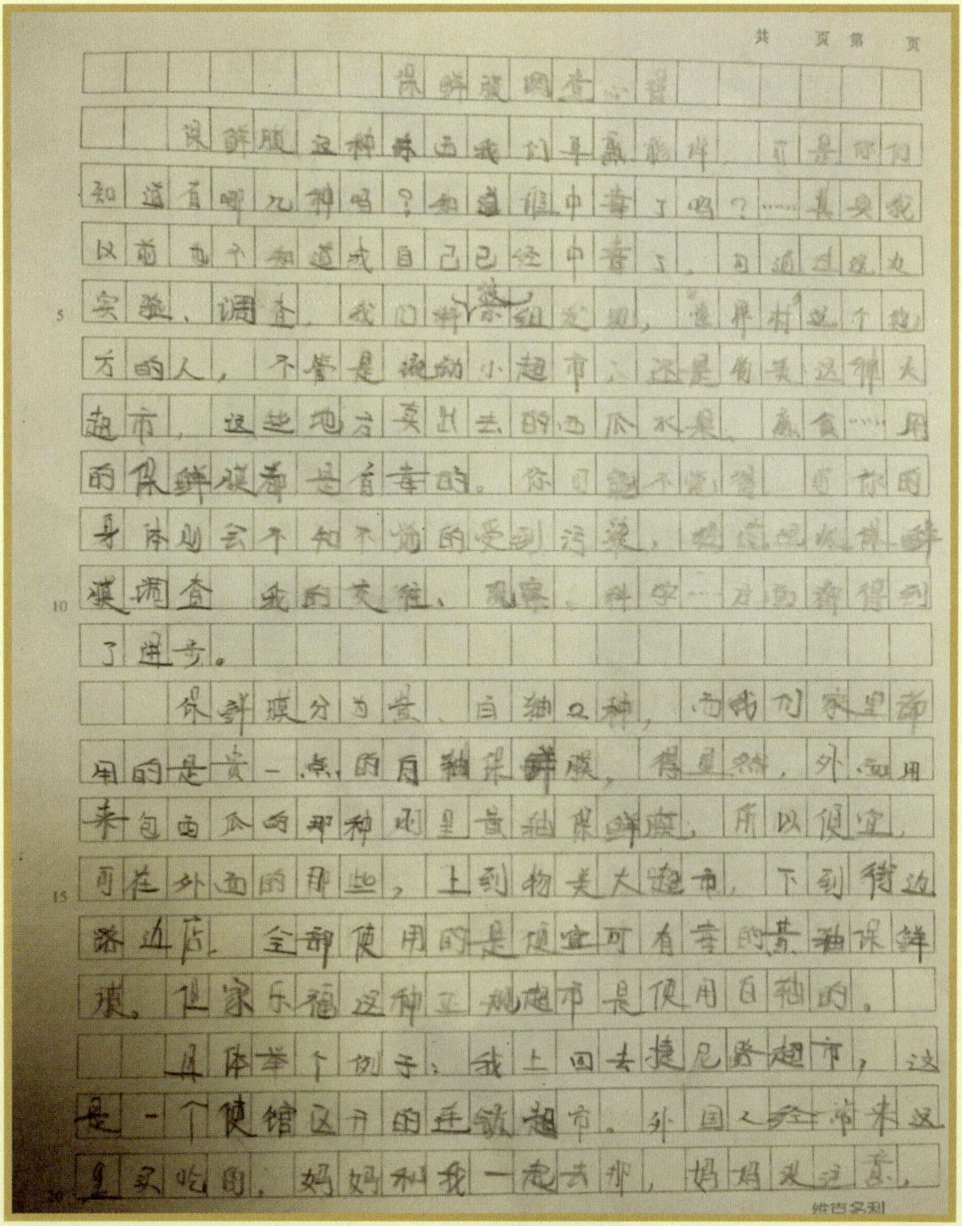

共 页第 页

保鲜膜调查心得

保鲜膜这种东西我们早就熟悉了，可是你们知道有哪几种吗？知道假中毒了吗？……其实我以前也不知道我自己已经中毒了。可通过这次实验、调查，我们科学组发现，世界村这个地方的人，不管是流动小超市，还是角头这种大超市，这些地方卖出去的西瓜水果、熟食……用的保鲜膜都是有毒的。你们想不到吧，而你的身体则会不知不觉的受到污染，通过这次保鲜膜调查，我的实验、观察、科学……方面都得到了进步。

保鲜膜分为黄、白两种，而我们家里常用的是贵一点的白釉保鲜膜，很显然，外面用来包西瓜的那种则是黄釉保鲜膜，所以便宜，可在外面的那些，上到物美大超市，下到街边路边店，全部使用的是便宜可有毒的黄釉保鲜膜。但家乐福这种正规超市是使用白釉的。

具体举个例子，我上回去捷尼路超市，这是一个使馆区开的连锁超市。外国人经常来这里买吃的。妈妈和我一起去那，妈妈发现，

研究流程图

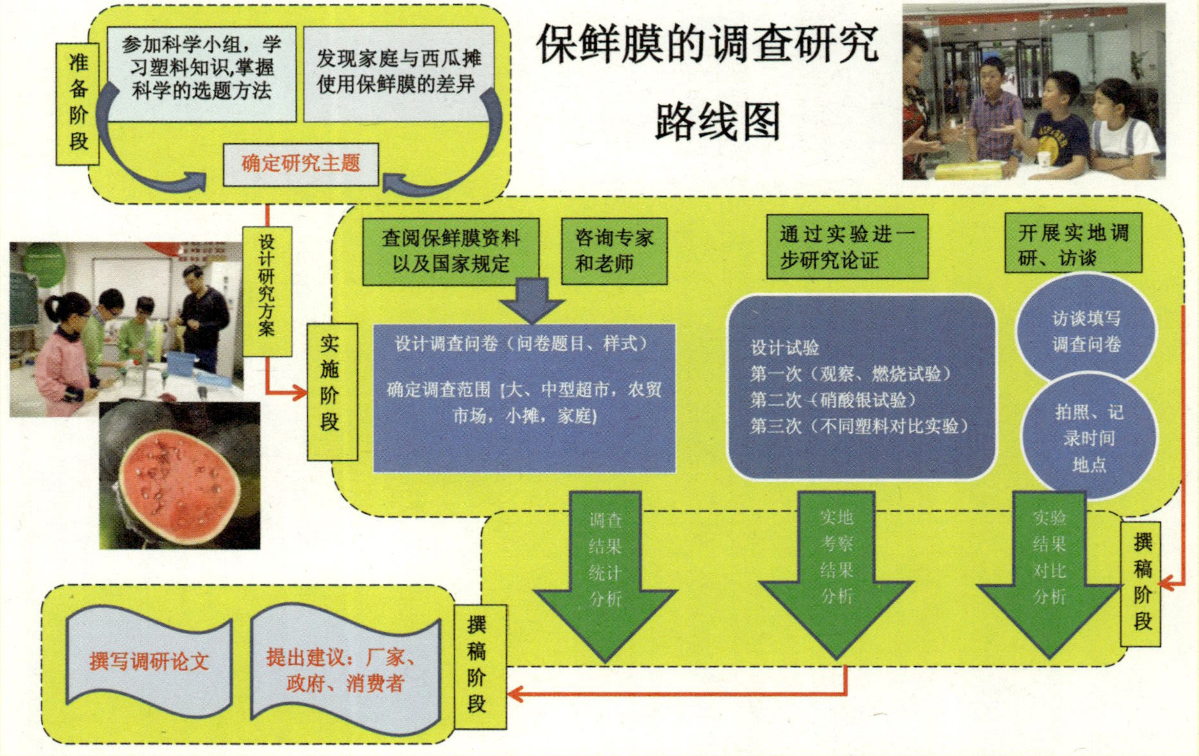
保鲜膜的调查研究
路线图
准备阶段
参加科学小组，学习塑料知识,掌握科学的选题方法
发现家庭与西瓜摊使用保鲜膜的差异
确定研究主题
设计研究方案
实施阶段
查阅保鲜膜资料以及国家规定
咨询专家和老师
设计调查问卷（问卷题目、样式）
确定调查范围［大、中型超市，农贸市场，小摊，家庭）
通过实验进一步研究论证
设计试验
第一次（观察、燃烧试验）
第二次（硝酸银试验）
第三次（不同塑料对比实验）
开展实地调研、访谈
访谈填写调查问卷
拍照、记录时间地点
调查结果统计分析
实地考察结果分析
实验结果对比分析
撰稿阶段
撰稿阶段
撰写调研论文
提出建议：厂家、政府、消费者

6 DIY 食品级蜡笔

作　　者：张十全　叶颍悠　郑子涵
辅导教师：王　喆　甄　奕　闫莹莹

【摘要】使用蜡笔时，我们好奇蜡笔是用什么做的、怎么做的、蜡笔里的颜色是怎么来的？在使用过程中我们发现很多问题，如总黏在手上、不小心就会吃进嘴里、不好清洗等。为解决这些问题我们尝试自己做出"更好"的蜡笔。

通过学习什么是蜡、什么是蜡笔，寻找蜡笔的制作方法和工艺，了解制作蜡笔需要用到的原料和它们的作用。我们设计了一个小实验，对比了分别以大豆蜡、蜂蜡、石蜡制作的蜡笔的黏性和涂抹效果。同时，我们走访了一些商场和文具店，也在网络查寻资料，以了解目前市场都有哪些类型的蜡笔。

最终，我们成功找到 3 种蜡的好配方：大豆蜡，22.5 g 蜡和 22.5 g 油；石蜡，30 g 蜡和 15 g 油；蜂蜡，35 g 蜡和 10 g 油。通过抛断测试，证明了我们制作的"吸管蜡笔"比普通蜡笔更不易断。而且也总结出了我们认为的"好"蜡笔：有可食用级别的配方、不会轻易折断、能相对顺畅涂抹，同时，在出售的时候可以按照常用的颜色零售。

【关键词】自制蜡笔　蜂蜡　石蜡　大豆蜡

【创新点】采用食品级的配方进行 3 种蜡源的自制蜡笔对比实验，同时还进行了同等长度不同粗细的耐摔性测试。

一、研究背景

有一次，妈妈送给我一盒进口蜡笔，蜡笔非常好看，我非常喜欢，但是蜡笔在使用中很容易折断。恰好我们学校在做"小问号"的科学活动，我的主题就是蜡笔是怎样做成的，从此我对蜡笔产生了研究兴趣。我的同学叶颍悠和郑子涵都喜欢画画，也喜欢使用蜡笔，这让我们都对蜡笔充满好奇：

蜡笔是用什么做的，怎么做的？蜡笔里的颜色是怎么形成的？同时，我们在使用蜡笔的过程中也发现很多问题，如总黏在手上、不小心就会吃进嘴里，以及不好清洗的问题等。于是我们想尝试自己做出更好的蜡笔，我们收集了一些资料和有趣的蜡笔，决定一探究竟。

二、研究目的

（1）了解蜡笔的制作过程，调查蜡笔的优缺点。

（2）找出制作更好的蜡笔的基础配方。

（3）确定更好的蜡笔改进方向，制作更好的蜡笔。

三、研究方法

1. 研究思路及流程

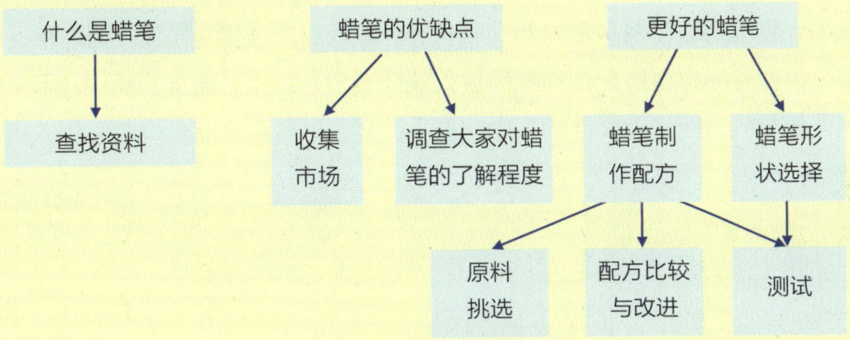

图 1　研究思路及流程

2. 研究方法

（1）文献查阅

主要通过网络进行查询：①学习什么是蜡，什么是蜡笔；②找到蜡笔的制作方法和工艺；③了解制作蜡笔需要用到哪些原料，这些原料分别有什么样的作用等。

（2）调查法

市场调查：我们走访了一些商场和文具店，也在网络做了资料查寻，以了解目前市场都有哪些类型的蜡笔。

问卷调查：为了搞清目前蜡笔市场情况、制作工艺、存在的问题以及制作设计过程中应该关注的群体和现实需求，我们面向中小学生、家长，通过微信平台开展了一次关于制作新型蜡笔的问卷调查。对蜡笔的质量、原料、配方以及普遍反映的一些问题进行了归纳分析。帮助我们加深对蜡笔现存问题的认识，明晰“更好蜡笔”的标准，明确设计和研究的方向。

（3）实验法

我们先后设计并进行了 3 组实验：

① 首先观察不同种类的蜡，做熔化、凝固实验，了解蜡的基本特性。

② 找到蜡笔的配料表之后，使用不同的蜡、选择不同颜料、调整配料间的比例，制作不同配方的蜡笔样品。

③ 最后，将所有蜡笔样品进行比较，选出最优配方和制作方法。

制作实验中，我们用到了各种原材料、电子秤、烧杯、搅拌棒、研钵、研磨棒、电磁炉和锅以及模具，将各种原材料按配比称重后放入烧杯混合，再放进盛水的锅中，用电磁炉持续加热隔水熔化原材料，期间用搅拌棒不停搅拌，直至原材料完全混合均匀后倒入模具，等待冷却凝固。

3. 研究进度

表 1　研究进度

时间	地点	内容
2017 年 9 月 10 日	北京市西城区科技馆	对蜡笔的初步认识
2017 年 9 月 15 日		蜡的实验和测试
2017 年 9 月 17 日		调查问卷是什么，我们应该从哪些角度思考
2017 年 9 月 22 日		调查问卷设计
2017 年 9 月 24 日		熔化的方法
2017 年 9 月 29 日		油溶性的探讨
2017 年 10 月 13 日		初步试验
2017 年 10 月 15 日		测试：附着力，不黏手
2017 年 10 月 20 日		汇总和分析实验结果，补充实验，撰写报告
2017 年 10 月 27 日		蜡笔硬度测试

时间	地点	内容
2017 年 8 月 10—15 日	家中	线上（互联网）和线下（询问身边的朋友、用家；文章资料收集）调研目前市面上销售的蜡笔的优缺点
2017 年 9 月 11—14 日		收集和分析自制蜡笔需要的原材料清单
2017 年 9 月 20 日—10 月 15 日		初步探究自制蜡笔的的配方、3 种蜡源自制蜡笔的分工；在老师的指导下，共同议定在实验里蜡和油的不同比例，同时使用其他原材料在同一标准下，各自在家中开展实验
2017 年 9 月 30 日—10 月 15 日	北京市西城区科技馆、家中	①寻找自制蜡笔的原料； ②寻找自制蜡笔的 3 种蜡的原料配比； ③测试自制蜡笔的书写效果
2017 年 10 月 15—30 日	家中	拍照记录，修改和完成研究论文

四、研究过程和结果

1. 实地考察与文献结果

（1）蜡笔的种类和功能

蜡笔字面上的意思是以蜡制成的笔，而实际上，除了蜡之外，有些是以白垩或木炭制成。而蜡广义上是指由植物、动物或者矿物等所产生的某种常温下为固体，加热后容易液化或者气化、容易燃烧、不溶于水、具有一定的润滑作用的油状物质；包括植物蜡、动物蜡、矿物蜡、石油蜡和合成蜡几种类别。

（2）市面上蜡笔的基本情况

我们走访了北京西单图书大厦，也在互联网上进行了搜索，了解市面上蜡笔的基本情况。

1）从功能上分，市面售卖的蜡笔主要有以下几种。

表 2　蜡笔种类和特点

蜡笔种类	特点
可水洗蜡笔	画在衣服、皮肤、家具及油漆过的墙面都能轻松擦洗
可拧转蜡笔	塑料笔杆可随意拧转，笔杆保护笔芯不易折断，笔头无须削尖
织物蜡笔	可制作个性的体恤、织物棉被、桌布、枕套等
白板专用蜡笔	快干，画在画板不会有液体滴落；画在皮肤和衣服上容易水洗
多彩蜡笔	混色蜡笔，轻轻一划，就可得到丰富纹理和色彩画面

2）从颜色数量分，市面售卖的蜡笔有 8 种。分别是 6 色、8 色、12 色、36 色、48 色、64 色、72 色、152 色等规格。

3）从产品规范程度上，我们发现：①市面上大部分销售的蜡笔没有标明成分和配方，只有部分产品标注主要成分；②市面上所有销售的品牌都会在包装上标明符合相关国内/国外的标准和安全性。

图 2　市场蜡笔调研

（3）市面上的蜡笔比较和大家对现有蜡笔的看法

我们从家里拿了 3 种不同的蜡笔：美国市面上常见的蜡笔、日本生产的蜡笔，还有从网络上买的蜡笔，分别进行了抓握感、书写感、包装这几方面的对比。

图 3　市面上蜡笔的测试

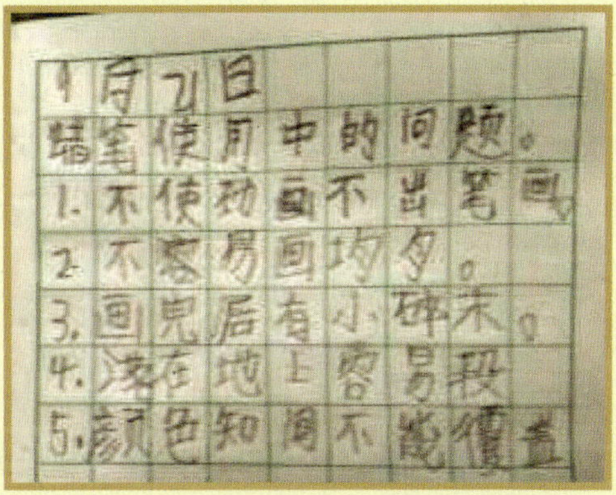

图 4　我们总结的市面上蜡笔的问题

（4）蜡笔制作方法和工艺

结合互联网上查到的蜡笔工厂制作流程的视频和查到的文献资料，我们总结出了蜡笔的制作方法。

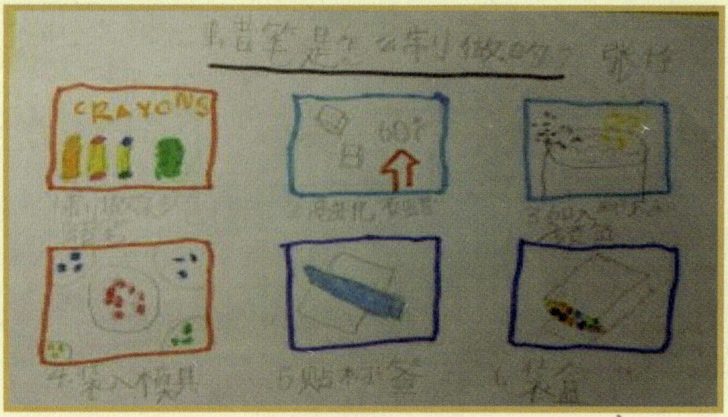

图 5　蜡笔制作方法

（5）小结

①蜡笔基本原料：颜料、蜡、油脂（黏合剂）、碳酸钙（填充料）。

②蜡笔制作方法：先把蜡熔化，再加入粉末和颜色，装入磨具，冷却成型，贴标签后，装盒出售。

③市面上售卖的蜡笔辅料不明确，可能存在安全隐患。

④市面上售卖的蜡笔存在不使劲画不出来，容易折断，颜色不能覆盖等问题。

2. 问卷调查结果

根据调查问卷，我们发现：

（1）大部分人并不经常使用蜡笔，蜡笔使用者的年龄主要是 1～10 岁。

（2）蓝色和红色是大家非常喜欢使用的蜡笔颜色，白色用的最少。

（3）在蜡笔的使用过程中最常见的问题是，容易把衣服弄脏、涂色不均和黏手。大家希望蜡笔改进的方向是容易擦写。

（4）大部分人处理剩余蜡笔的方法是扔掉。

（5）如果有可以循环利用和被分解的蜡笔，大家还是愿意购买的。

3. 实验过程与结果

（1）原料的选择

1）蜡的选择

根据查到的资料，蜡主要有 5 种类别，而我们能够在市场找到的有大豆蜡（植物蜡）、蜂蜡（动物蜡）和石蜡（矿物蜡），于是就选择这 3 种做主要原料。

表 3　实验用蜡介绍

蜡的种类	所属类别	介绍
大豆蜡	植物蜡	大豆蜡指氢化大豆油生产制成的蜡，是制作工艺蜡烛，精油、香薰蜡烛的主要原料
石蜡	矿物蜡	石蜡是石油馏分物，呈固状，白色晶体。它们是由“选择性溶剂程序”，被提炼为不同溶解度的等级。石蜡呈油脂状，其油脂特性有助于打蜡时的均匀分布，同时也容易控制蜡中溶剂（清洁媒体）的挥发
蜂蜡	动物蜡	蜂蜡是唯一用于各种抛光剂的动物质蜡。蜂蜡保持的时间也短得多

2）油的选择

油的种类也有很多，但由于我们最终制作的蜡笔是固体的，所以也尽量选择了常温下为固态的椰子油，而且椰子油的保存期也比常见的各种食用油更高。

3）填充剂的使用

我们使用粉笔作为蜡笔各原料间的填充剂，粉笔的主要成分为硫酸钙（$CaSO_4$），是一种白色的固体。使用前，我们把整根的白粉笔简单掰碎，再用研钵和研磨棒把它碾成尽可能细碎的粉末（后期，考虑到安全性，有些样品制作中，我们又改为使用碳酸钙作填充剂）。

4）颜料的选择

我们使用石蜡和水溶性食用色素制作了第一款蜡笔。在热水中水浴熔解蜡块后，加入水溶性食用色素若干滴。但发现，无论怎样搅拌，加入的色素并不能和熔化的蜡液相互溶解，凝固后颜料沉在下面，而做出来的“蜡笔”里根本没有颜色。

吸取第一次的失败经验，我们购买了油溶性颜料，先用一组溶解实验确定了色粉可以在油中溶解，又尝试制作了第二款蜡笔。这一次，蜡液和颜料能够很好溶解在一起了。

这样，我们确定选择油溶性色粉作为蜡笔的颜料，并根据个人喜好，分别选取了蓝色、粉色和黑色（红色/桔色）来制作更多的蜡笔样品。

（2）蜡笔的制作

1）蓝色的大豆蜡笔

图 6　自制蓝色蜡笔

2）大豆蜡实验记录（表 4）

表 4　大豆蜡实验记录

日期	实验编号	大豆蜡/g	椰子油/g	色粉/勺	粉/g	结果	原因
2017 年 9 月 30 日	1-1	22.5	22.5	1	1	失败	颜色没有完全凝固在水中
2017 年 10 月 6 日	1-2	22.5	22.5	6	1	成功	
2017 年 10 月 9 日	1-3	30	15	6	1	成功	
2017 年 10 月 9 日	1-4	35	10	6	1	失败	颜色加的太少
2017 年 10 月 13 日	1-5	35	10	8	1	失败	颜色太少了
2017 年 10 月 13 日	1-6	45	0	8	1	失败	画不出来
2017 年 10 月 13 日	1-7	44	0.7	15	0.7	成功	
2017 年 10 月 14 日	1-8	43	2	10	1	失败	搅拌时间不够
2017 年 10 月 15 日	1-9	42	3	10	1	成功	

3）粉色的石蜡笔

图 7　自制桃红色蜡笔

4）石蜡实验记录（表 5）

表 5　石蜡实验记录

日期	实验编号	石蜡/g	椰子油/g	色粉/勺	粉/g	结果	原因
2017 年 10 月 11 日	2-1	22.5	22.5	6	1	成功	颗粒小
2017 年 10 月 11 日	2-2	30	15	6	1	成功	颗粒稍大
2017 年 10 月 11 日	2-3	35	10	6	1	成功	颜色稍浅，出现块状
2017 年 10 月 13 日	2-4	44	1	6	1	失败	颜色脱落严重
2017 年 10 月 13 日	2-5	43	2	6	1	失败	颜色脱落严重
2017 年 10 月 20 日	2-6	40	5	6	1	成功	颜色稍浅，不黏纸上
2017 年 10 月 20 日	2-7	45	0	6	1	失败	颜色脱落严重

5）彩色蜂蜡蜡笔

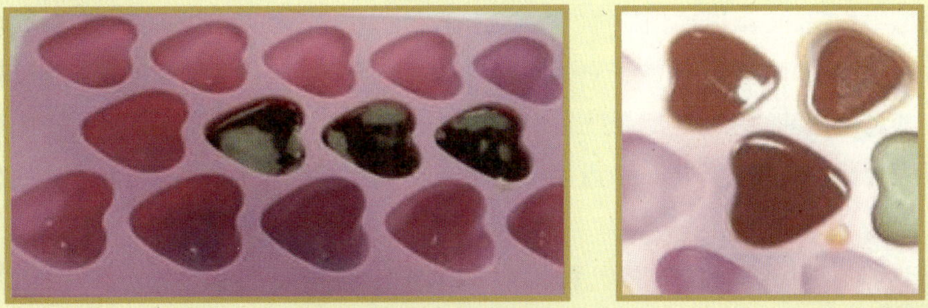

图 8　自制黑色和红色的蜡笔

6）蜂蜡实验记录（表 6）

表 6　蜂蜡实验记录

日期	实验编号	石蜡/g	椰子油/g	色粉/勺	粉/g	结果	原因
2017 年 9 月 30 日	3-1	22.3	22.7	5（黑）	1	失败	有很浅的颜色，大部分纸上渗的是油
2017 年 10 月 14 日	3-2	30	14.6	5（黑）	1	成功	颜色太浅，但是能用
2017 年 10 月 14 日	3-3	35	10.7	5（黑）	1	成功	
2017 年 10 月 14 日	3-4	44.8	0	5（黑）	1	失败	不能涂色
2017 年 10 月 15 日	3-5	41	4.6	5（红）	1	成功	但是，涂抹有嘎巴
2017 年 10 月 15 日	3-6	42.7	3.2	5（红）	1	成功	但是，比 3—5 更涩了
2017 年 10 月 21 日	3-7	34.9	10.6	7（桔）	1	成功	颜色好，摩擦在纸上像蜡笔
	3-8	37.1	7.6	7（桔）	1	成功	

蜂蜡颜色过重问题的解决方法：

蜂蜡实验的过程中，先后更换了 3 种颜色。最初是黑色，但是 5 勺色粉搅拌后，仍然在涂抹过程中看不出来颜色。于是更换为红色，发现效果还是不好。经过再次讨论，蜂蜡本身就发黄，所以决定更换一个和黄色接近的色粉，再次更换为桔色。在之前的实验中，已经发现油量在 5 ~ 10 g 的相对效果比较好，最后两次的实验就定在了重做一遍 10 g 油和 8 g 油的实验。

7）"手指"蜡笔和"吸管"蜡笔制作

①根据每种蜡源选出的配方，再次配制蜡笔进行抛断实验。在上一组配方实验的基础上，我们选择了几个较好配方，制作了测试用蜡笔；为了更好地和市面售卖的蜡笔做比较，我们测量了一些常见蜡笔的尺寸，尽量把我们的蜡笔做得类似，最终选择了手指饼干模具和珍珠奶茶吸管为模具，制作出长 7 cm、直径 1.5 cm 的手指蜡笔和长 9 cm、直径 1 cm 的吸管蜡笔两种。

②设计摔落测试实验：将 2 种笔形蜡笔和市面售卖的蜡笔分别从距地 10 cm、20 cm，……，100 cm 的几种高度摔下，模拟实际使用中的蜡笔意外滑落情况；从距地 10 cm

开始，每个高度摔落 3 次，蜡笔摔断用空格记录，同一高度 3 次摔落都没断的用“√”记录。

（3）自制蜡笔的测试

1）易涂抹性和不黏手测试

图 9　我们在和老师一起商量从哪些角度进行效果测试

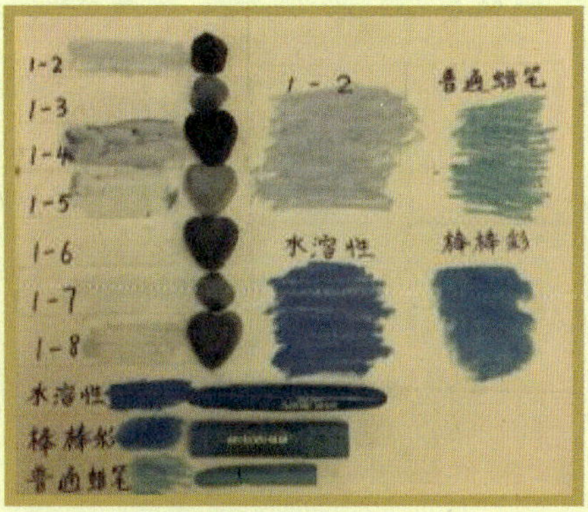

图 10　大豆蜡蜡笔与普通蜡笔的测试对比

①大豆蜡的测试中 1-2 号蜡笔，比普通蜡笔要更加好用。

②石蜡测试中，2-2 号蜡笔涂抹效果最好。

③蜂蜡测试中，3-7 号蜡笔效果最好，可以和普通蜡笔的涂抹效果一致。

2）耐摔性测试

经测量，3 名二年级学生手到地面的平均高度为 51.7 cm、常用书桌平均高度是 67.8 cm、学生家长手到地面平均高度有 73 cm。耐摔实验的测试高度是 10～70 cm。

表 7　耐摔性实验高度

实验者	书桌距地面高度/cm	实验者手距离地面高度/cm	家长手距离地面高度/cm
张十全	60.5	50	79
叶颍悠	74	50	60
郑子涵	69	55	80

图 11　对比普通蜡笔/手指蜡笔/吸管蜡笔的抛断落地实验

表 8　耐摔性实验记录

类别		蜡笔长度	蜡笔掉落位置距离地面高度						
			10 cm	20 cm	30 cm	40 cm	50 cm	60 cm	70 cm
大豆蜡	普通蜡笔	7 cm	√	√	√	√	√		
	吸管蜡笔 1	6 cm	√	√	√	√	√		
	吸管蜡笔 2	10 cm（空）	√	√	√	√			
	手指蜡笔	7 cm	√	√	√	√	√	√	√
石蜡	普通蜡笔	6 cm	√	√	√	√	√	√	
	吸管蜡笔 1	6 cm	√	√	√	√	√		
	吸管蜡笔 2	7 cm	√	√	√	√	√	√	
	手指蜡笔	7 cm	√	√	√	√	√	√	√
蜂蜡	普通蜡笔	9 cm	√	√	√	√			
	吸管蜡笔 1	8 cm	√	√	√	√	√	√	√
	吸管蜡笔 2	9 cm（空）	√	√	√	√			
	手指蜡笔	7 cm	√	√	√	√	√	√	√

①3 名同学测试的普通蜡笔，其中一个在 50 cm 时出现折断，一个在 60 cm 时折断，一个在 70 cm 时折断。

②自制手指蜡笔均未出现折断。

③自制吸管蜡笔 6 根：1 根没有在测试范围内折断，2 根在 50 cm 时折断，2 根在 60 cm 时折断，1 根在 70 cm 时折断。大豆蜡和蜂蜡制作的吸管蜡笔，因为制作工艺不成熟，均有 1 cm 深的中空孔，可能是导致吸管蜡笔测试时折断的原因之一。

五、结论

（1）我们用 3 种不同的蜡制作的蜡笔，都可以使用。其中，大豆蜡本身最容易熔化，大豆蜡的蜡笔综合效果最好的配方是：22.5 g 蜡和 22.5 g 椰子油；石蜡综合效果最好的配方是：30 g 蜡和 15 g 油；蜂蜡最不容易熔化，蜂蜡综合效果最好的配方是：35 g 蜡和 10 g 油。

（2）我们制作的吸管蜡笔，耐摔能力得到验证。自制吸管蜡笔虽然有中空孔，但是耐摔能力整体优于普通蜡笔。手指蜡笔本身因为更粗更短，所以耐摔能力最强。

（3）我们认为的“好”蜡笔，要符合：①有可食用级别的配方；②不会轻易折断；③能相对顺畅涂抹；④同时，在出售的时候可以按照常用的颜色，逐根售卖。

六、进一步改进设想

（1）到目前为止，我们的自制蜡笔配方全都遵循食品级，但是画出的颜色都不太明显，我们在尝试解决颜色的问题时有了新的灵感：咖啡的颜色很深，蜂蜡又是天然乳化剂，我们用咖啡和蜂蜡作配方制作蜡笔，虽然味道很香，但使用效果一般，如果有机会我们还想做进一步的尝试。

（2）我们的自制蜡笔颜色不太均匀，周边几乎不能画出颜色。因此我们准备利用冰箱快速冷冻的方法再进行颜色均衡实验。

工作日志节选

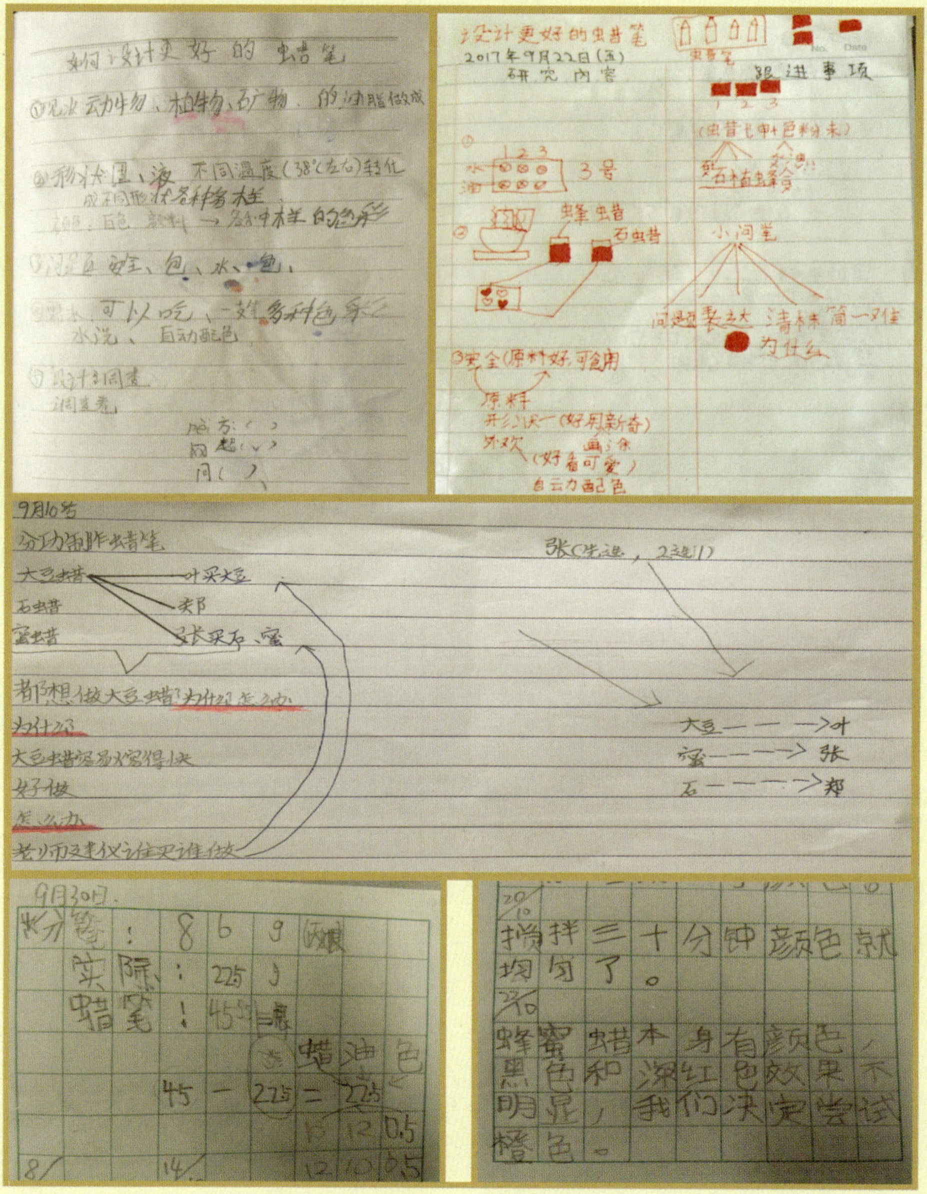
设计更好的蜡笔
2017年9月22日(五)
研究内容
跟进事项
3号
蜂蜡
石蜡
小问笔
为什么
③安全(原料好可食用
原料
外欢
(好看可爱)
自动配色
9月10号
分工制作蜡笔
大豆蜡
石蜡
蜜蜡
大豆——>叶
蜜——>张
石——>郑
为什么
好做
怎么办
搅拌三十分钟颜色就均匀了。
蜂蜜蜡本身有颜色，黑色和深红色效果不明显，我们决定尝试橙色。

编号	配方 [石蜡（克）/椰子油（克）/色粉（勺）/粉（克）]	蜡笔照片	绘图效果
2-1	22.5/22.5/6/1	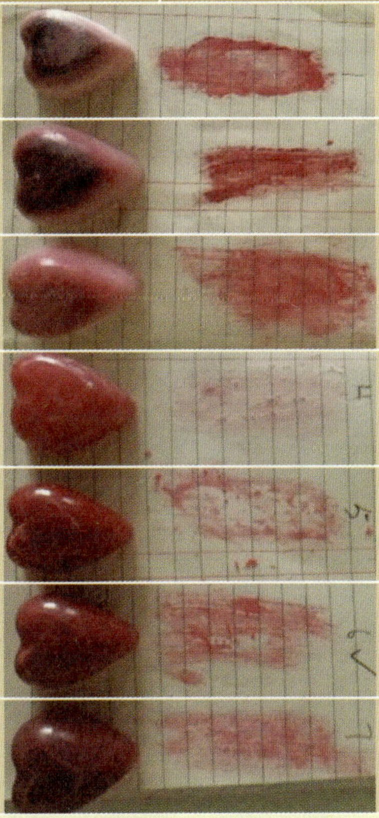	
2-2	30 /15 /6/1		
2-3	35 / 10 /6/1		
2-4	44 /1/6/1		
2-5	43 / 2/6/1		
2-6	40 / 5/6/1		
2-7	45 / 0/6/1		

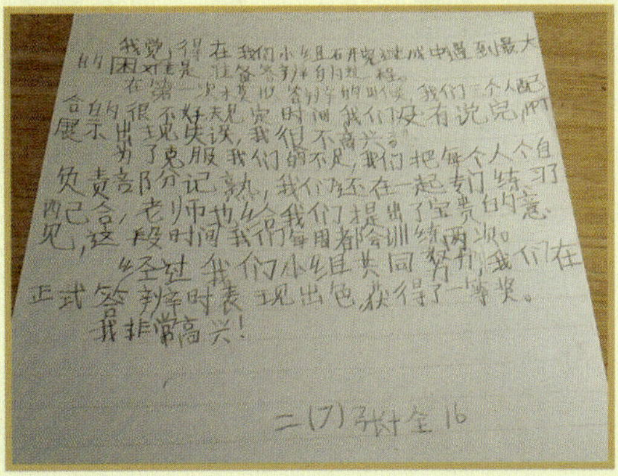
我觉得在我们小组研究过成中遇到最大的困难是准备答辩的过程。
在第一次模拟答辩的时候，我们三个人配合的很不好，规定时间我们没有说完，PPT展示出现失误，我很不高兴。
为了克服我们的不足，我们把每个人个自负责部分记熟，我们还在一起专门练习配合，老师也给我们提出了宝贵的意见，这段时间我们每周都会训练两次。
经过我们小组共同努力，我们在正式答辩时表现出色，获得了一等奖。
我非常高兴！
二(7)张村全16

研究流程图

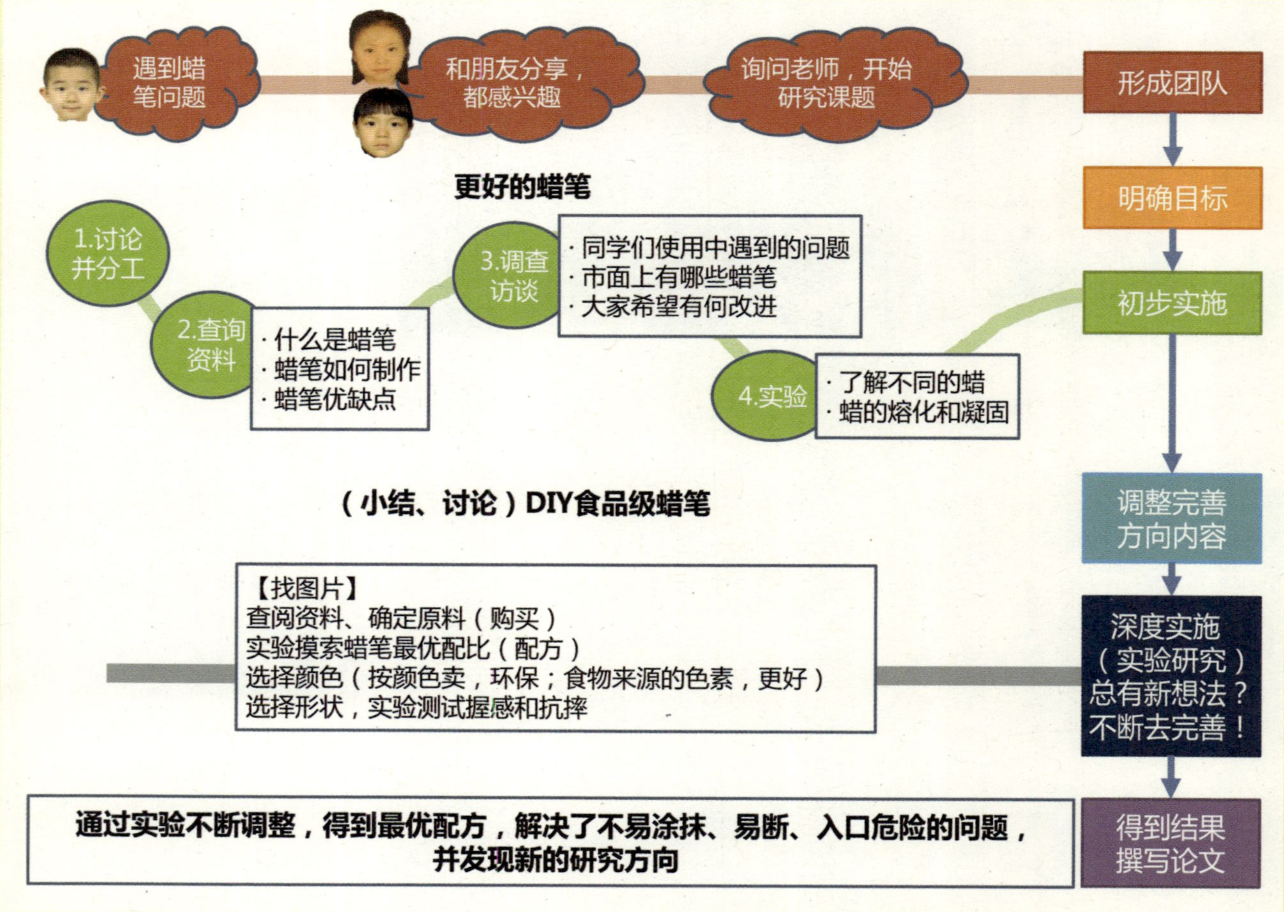
遇到蜡笔问题
和朋友分享，都感兴趣
询问老师，开始研究课题
形成团队
明确目标
初步实施
更好的蜡笔
1.讨论并分工
2.查询资料
·什么是蜡笔
·蜡笔如何制作
·蜡笔优缺点
3.调查访谈
·同学们使用中遇到的问题
·市面上有哪些蜡笔
·大家希望有何改进
4.实验
·了解不同的蜡
·蜡的熔化和凝固
调整完善方向内容
（小结、讨论）DIY食品级蜡笔
【找图片】
查阅资料、确定原料（购买）
实验摸索蜡笔最优配比（配方）
选择颜色（按颜色卖，环保；食物来源的色素，更好）
选择形状，实验测试握感和抗摔
深度实施（实验研究）总有新想法？不断去完善！
通过实验不断调整，得到最优配方，解决了不易涂抹、易断、入口危险的问题，并发现新的研究方向
得到结果撰写论文

7 中式快餐馆餐桌自取调料存放方式对卫生状况影响的研究

作　　者：刘奕飞

辅导教师：赵　溪　甄　奕

【摘要】"民以食为天，食以安为先"，但我发现，中式快餐馆餐桌上提供的自取调料卫生状况普遍不佳。于是萌发了研究餐桌自取调料的想法。我通过查阅资料、咨询专家、菌落实验、调查问卷等方法进行研究，结果显示八成餐馆调料卫生状况不合格。导致自取调料污染的原因包括：不规范的"分装"操作、常温非密闭长时间的存储条件、不洁的容器等。根据上述研究结果，我为改善自取调料的卫生状况提出以下建议：建议相关部门将餐馆服务人员分装调料的操作、调料存储方法、容器的标准化管理等各个环节的操作规范纳入《餐饮服务食品安全操作规范》，并进一步完善调料的食品微生物检测范围和检测标准。这样可以减少食源性疾病的发生，保障消费者"舌尖上的安全"。

【关键词】自取调料　食品卫生　微生物检测　存放方式

一、研究背景

我是个"美食家"，尤其爱吃米线和烧烤。我发现，这类餐馆为了满足顾客不同口味的需求，都会在餐桌上配备诸如辣椒油、酱油、醋等自取调料。一次偶然的机会，我在电视中看到街边小摊调料卫生状况堪忧的报道，于是便萌发了调查餐馆调料的想法，经过一段时间的仔细观察，我发现中式快餐餐馆自取调料普遍没有标明保质期；有些餐馆里装调料的瓶子，外面被厚厚的油脂包裹。凑在醋瓶口闻了一下，一股刺鼻的酸味扑鼻而来，和平时家用的香醋味道大相径庭。而一旁的椒盐被装在一个没有盖子的破旧调料盒中，因为长期暴露在外，里面的盐粒已经结成了块状。就此我询问了服务人员，但她们却说，酱油含盐度很高，细菌不易滋生，而花椒等辛香料本身就是有杀菌作用的中药，自取调料可以放心食用。我不禁产生了疑问：这些调料真的可以放心食用吗？目前的保存方式是否恰当？

带着这样的疑问，我查阅了相关文献资料。发现目前针对餐桌上自取调料没有详细的国家标准，并且针对餐馆服务人员将调料分装在调料瓶的安全操作规范以及调料的保存方式也仍是个空白。经过与老师的沟通交流后，确立了自己的研究课题——中式快餐馆自取调料存放方式对卫生状况影响的研究。

二、研究目的

（1）在专家指导下利用网络查询资料、咨询专家、实地考察、问卷调查、电话访谈等方法了解目前各餐馆餐桌上调料的卫生现状及存在的问题，进而利用实验研究的方法论证餐馆自助公共调料是否卫生、存放方法是否科学。

（2）探讨改善餐馆餐桌上自取调料的卫生状况的可行性方法，为减少食源性疾病的发生，保障大众“舌尖上的安全”献计献策。

三、研究方法

1. 研究计划

表 1　课题的研究计划和时间表

编号	步骤	时间	地点	主要内容
1	发现问题	2017 年 2 月	餐馆	通过观察发现餐馆自主调料卫生状况堪忧，但餐馆服务人员却告知可以放心食用，产生疑问
2	确定课题	2017 年 3 月	北京市西城区青少年科技馆	请教专家，在老师指导下确定研究课题
3	咨询专家	2017 年 3 月 16—31 日	国家食品药品监督总局、宣武医院细菌室	就调味品的《食品卫生国家标准》及食品微生物学检验的方法咨询专家
4	设计实验	2017 年 4 月 1 日—6 月 10 日	北京市西城区青海年科技馆、首都医科大学实验室	选定 8 家客流量大的餐馆，同一天采集同类型的调料；采集家中新购买的调料设置对照组。上网查阅资料、咨询专家，设计实验方法；做好实验准备后开始实验并记录相关数据
5	调查问卷	2017 年 5 月 11—19 日	餐馆	设计并分别去各餐馆发放调查问卷并记录数据

编号	步骤	时间	地点	主要内容
6	电话访谈	2017年5月20—30日	家里	电话访谈调料厂家，了解调料生产工艺及科学存储方法及相关注意事项
7	讨论总结	2017年6月16—25日	北京市西城区青少年科技馆	统计与分析，绘制图表
8	撰写论文	2017年7月1日—9月30日	北京市西城区青少年科技馆、家中	在老师指导下，按照要求完成论文

2. 查阅资料

查阅范围：相关书籍、互联网搜索、万方数据网。

表2　查阅资料

类别	信息来源	关键词
互联网	✧http：//www.bjzw.com.cn 北京中卫食品卫生科技公司网站 ✧http：//www.moh.gov.cn/publicfiles/business/htmlfiles/wsb/index.htm 国家药品食品监督管理局数据查询 ✧http：//www.baidu.com.cn	食品安全知识 食品安全国家标准，食品微生物学检验，菌落总数测定 餐馆，调料，不卫生
万方数据库	http：//www.wanfangdata.com.cn/	餐馆，调料，不卫生
书籍	《食品安全法》	食品安全法

3. 咨询专家

（1）2017年3月12日，向中国科学院文献情报中心（国家科学图书馆）和北京第二实验小学的老师学习科学文献检索的相关知识，提高资料查询的能力。

表 3　咨询专家问题提纲

编号	问题
1	餐馆餐桌上自取调料是否有国家标准?
2	微生物是否易在调料中滋生?
3	什么情况造成了微生物在在调料中的滋生?
4	是否有分装调料的操作标准?
5	餐桌上装盛调料的容器有环保、密闭性好的要求吗?
6	如何解决这些问题?

（2）2017 年 3 月 19 日，向国家食品药品监督总局杨建处长（图 1）、西城区疾病控制中心白淑媛老师咨询调味品的《食品卫生国家标准》及食品微生物学检验的方法等。

（3）2017 年 3 月 20 日，咨询首都医科大学宣武医院细菌室闵荣教授，学习微生物学检验操作方法及食源性疾病的相关知识（图 2）。向研究室老师学习 pH 检测仪的使用方法。

图 1　咨询国家食品药品监督总局杨建处长

图 2　向专家学习微生物检验操作方法

（4）2017 年 6 月 16 日，向宣武医院询证医学部吴晓光博士学习医学统计知识。

4. 实验研究

随机抽取 8 家正规中式快餐馆（具有餐饮服务许可资质的餐馆），对调味瓶表面洁净度（实验一）、调料的卫生状况（实验二）分别进行实验研究分析，进一步设立对照组，并将对照组分组，进行实验分析调料污染的原因（实验三）。

表 4　实验样品与实验目的

编号	样品来源	实验目的
实验一	餐馆	调料瓶表面洁净度
实验二	餐馆/对照组	评价调料卫生状况
实验三	对照组	分析调料污染原因

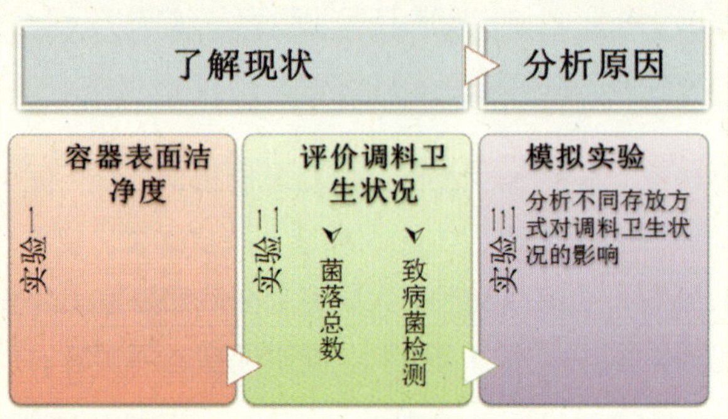

图 3　实验关系图

（1）采样

在 2017 年 4—6 月，我随机抽取了北京市中心具有餐饮服务许可资质的 8 家顾客量大的正规餐馆。采集餐桌上酱油、醋、辛香料等样品共计 24 份。所有样品在 24 小时内处理完毕，并且在现场测试盛装调料的容器表面洁净度，记录容器的性状。并去正规超市购买瓶装及简装酱油、醋各一份作为对照组。

（2）实验一：测定容器表面洁净度

1）实验设计

①实验目的：检测抽检的 8 家餐馆调料容器表面洁净度。

②检测方法及评价：利用表面洁净度速测卡，进行检测（图 4）。绿色表示洁净，灰色表示处于洁净与不洁净的边缘，紫色表示不洁净。

2）实验工具

容器表面洁净度速测卡、湿润剂、显色剂（中昊胜创）。

3）实验步骤

①滴 2 滴湿润剂于被测物体表面。

②取出一片洁净度速测卡，圆形药片向下，于物体表面 10 cm×10 cm 范围内交叉来回轻轻擦拭。

③滴 1 滴显色剂到圆形药片上，如果物体表面较脏的话，1 分钟内药片就会变为紫色，即可判定被检物体不洁净，否则需要等待 10 分钟与标准比色板进行比较确定结果。

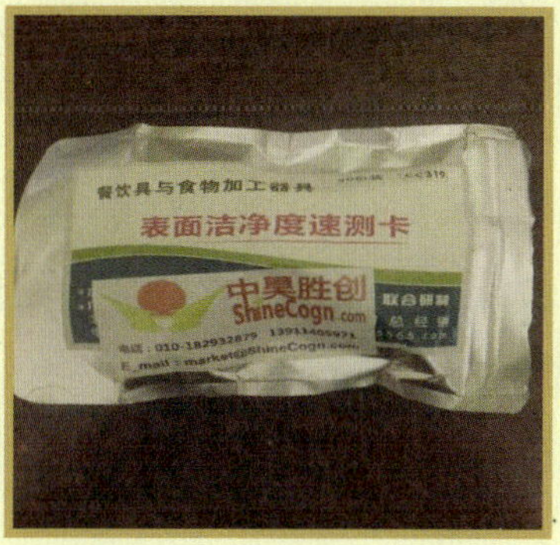

图 4　测定容器表面洁净度

（3）实验二：调料微生物学检测

1）实验设计

①实验目的：了解餐馆自取调料的卫生状况。

②检测方法及评价依据：按照《食品安全国家标准　食品微生物学检验　菌落总数测定》（GB 4789.2—2016）、《食品安全国家标准　食品微生物学检验　大肠菌群计数》（GB 4789.3—2016）要求利用 3M 测试片分别做菌落总数、大肠杆菌及霉菌等检测，根据《食品卫生国际标准汇编》规定对检测结果进行评价。各项检测结果中有一项不符合标准即定为不合格。

在妈妈引荐下，我前往宣武医院，在专家帮助下，利用培养基做致病菌检测（沙门氏菌、志贺氏菌）。

2）实验工具

表 5 实验所需工具、仪器设备及型号

编号	仪器、工具名称	品牌型号或厂家
1	无菌操作台	上海博讯
2	振荡器	Bomex
3	生理盐水	大冢
4	注射器	Braum
5	菌落总数/大肠杆菌/霉菌测试片	美国 3M
6	恒温培养箱	Thermo
7	试管（20ml、50ml）	Bomex
8	生化管	Gilson
9	移液器	Gilson
10	BS/XLD 显色培养基	科马嘉
11	智能手机	苹果
12	电脑	Sony
13	pH 检测仪	Milwaukee
14	显微镜	奥林巴斯
15	布鲁克质谱分析仪	BRUKER

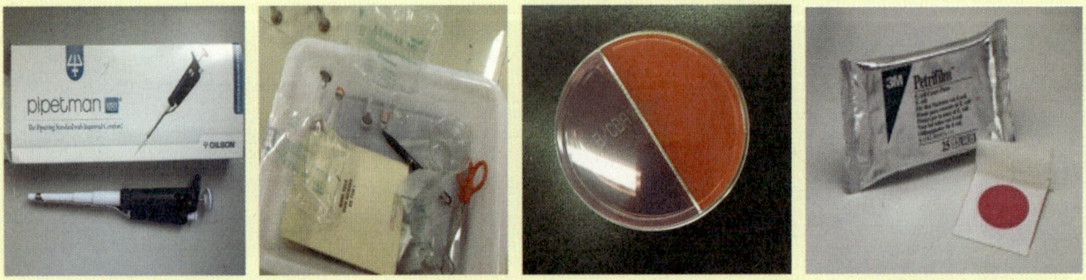

a. 移液器　b. 生理盐水、生化管等工具　c. 培养基　d. 美国 3M 测试片（大肠杆菌）

图 5 实验工具

3）实验步骤

①取样稀释

- 液体样品：用移液器取 2.5 ml 样品放在盛有 22.5 ml 生理盐水的无菌管中，充分混合，制成 1：10 的样品匀液，用移液器取 1 ml 的 1：10 样品匀液，沿管壁缓慢注入盛有 9 ml 生理盐水的无菌管中，做成 1：100 的样品匀液（图 6）。
- 固体样品：称取 2.5 g 样品，放在盛有 22.5 ml 生理盐水的无菌管中，用振荡器 8 000 r/min 振荡 1～2 min，制成 1：10 的样品匀液。用移液器取 1ml 的 1：10 样品匀液，沿管壁缓慢注入盛有 9 ml 生理盐水的无菌管中，经充分振摇做成 1：100 的样品匀液。

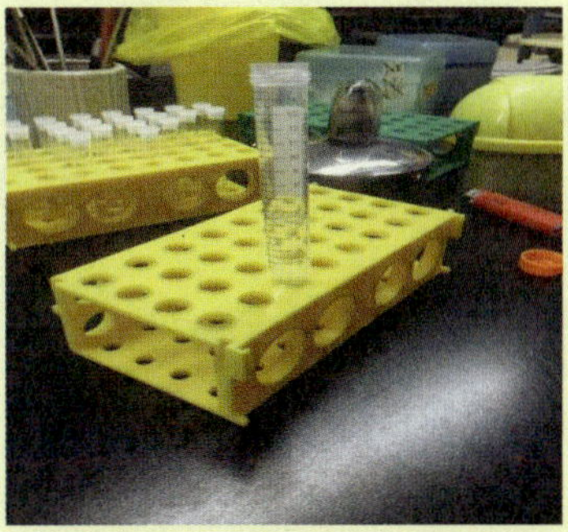

a. 无菌生化管

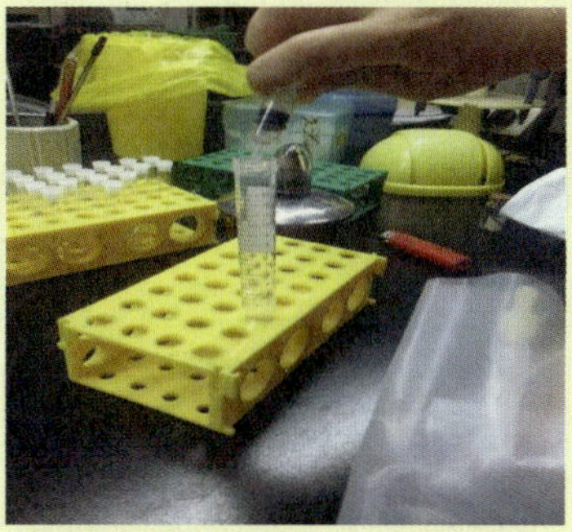

b. 注入 22.5 ml 生理盐水

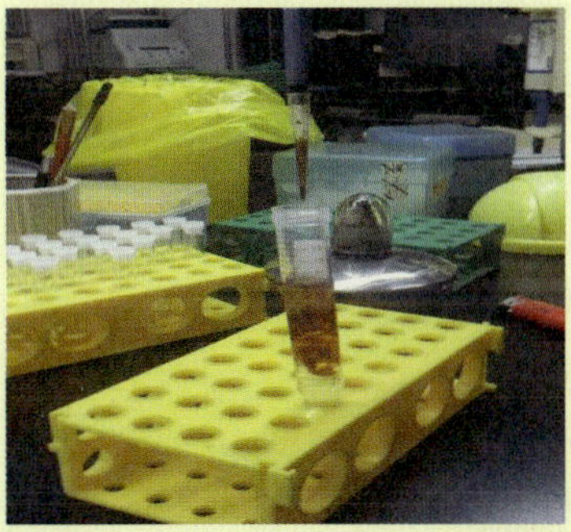

c. 移液器加入 2.5 ml 样品制成 1：10 样品匀液

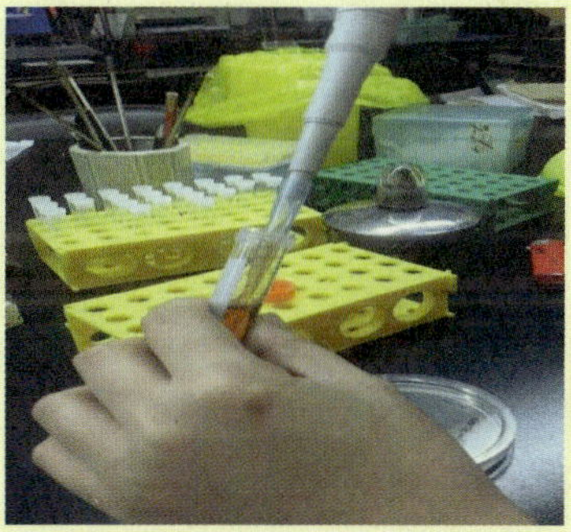

d. 移液器取 1 ml 的 1：10 样品匀液

图 6 液体样品取样

②接种

- 利用 3M 测试片分别做菌落总数、大肠杆菌及霉菌等检测：将测试片放在无菌台上，揭开上面的透明薄膜，用注射器吸取样品稀释液 1 ml 垂直滴加到中央的纸片上，轻轻将上盖膜放下，使用压板凹面朝下，放置在上层膜中央部，静置 1 min，进行培养。
- 在宣武医院专家帮助下，利用培养基做致病菌检测：用 BS 平板和 XLD 琼脂平板进行致病菌的培养（图 7）。

③培养：将以上落菌总数测试片放进透明自封袋中，透明面朝上水平置于恒温培养箱内。培养温度为 36℃ ± 1℃，培养 48h（图 8）。

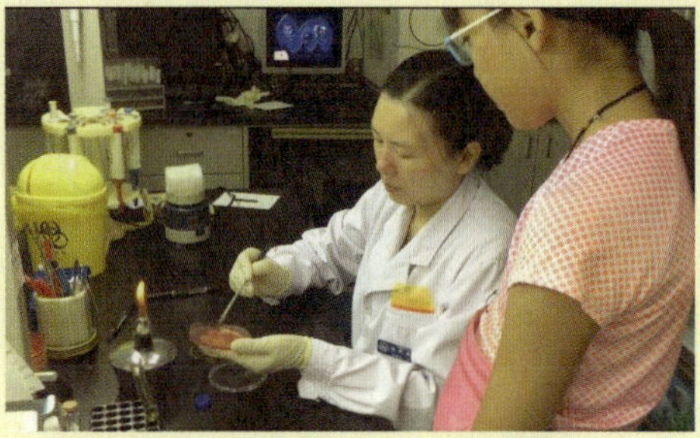

图 7　培养基培养致病菌

图 8　试纸透明面朝上水平放置在恒温培养箱中

④计数：按照菌落总数、大肠杆菌及霉菌计算方法进行计数

根据 GB 4789.2—2016、GB 4789.3—2016 的规定，若有两个连续稀释度的测试片菌落总数、大肠杆菌及霉菌数在适宜计数范围内时，测定方法如下。

$$N=\sum C/(n_1+0.1n_2)d$$

式中：N——样品中菌落总数、大肠杆菌及霉菌数；

$\sum C$——测试片菌落总数、大肠杆菌及霉菌数之和；

n_1——第一稀释度（低稀释倍数）测试片个数；

n_2——第二稀释度（高稀释倍数）测试片个数；

d——稀释因子（第一稀释度）。

⑤评价与分析

- 根据《食品卫生国际标准汇编》对菌落总数、大肠杆菌及霉菌检测结果进行评价。
- 利用布鲁克质谱分析仪分析致病菌种类（专家操作）。

（4）实验三：分析调料污染原因实验（对照组）

1）实验设计

①实验目的：分析调料污染的原因。

②检测方法及评价依据：将超市购买的酱油、醋分组，分别按照 8 种不同的条件存储 14 天后，进行微生物学检测，检测方法及评价依据同实验二。

进一步，评价菌落总数变化率：变化率（%）=（测定值−初始值/初始值）× 100%

③分组：分别按照各种条件不同组合，将对照组分成 8 组：1 组（$A_1+B_1+C_1$）、2 组（$A_2+B_1+C_1$）、3 组（$A_1+B_2+C_1$）、4 组（$A_2+B_2+C_1$）、5 组（$A_1+B_1+C_2$）、6 组（$A_2+B_1+C_2$）、7 组（$A_1+B_2+C_2$）、8 组（$A_2+B_2+C_2$）。

式中：A_1——操作者戴手套帽子、紫外线消毒操作台、无菌生化管；

A_2——不洗手、普通台面、未经消毒的试管；

B_1——密闭生化管；

B_2——敞口试管；

C_1——常温 34℃；

C_2——低温 5℃。

2）实验工具：同实验二。

3）实验步骤：同实验二。

5. 实地考察

我于 2017 年 4 月 1 日—6 月 10 日，前往 × × 拉面馆、× × 面馆、× × 饭店、× × 饺子馆、× × 面馆、× × 小吃、× × 麻辣烫等地进行考察。

6. 问卷调查

根据设计的调查问卷，在进行实地考察过程中采取现场问卷调查的形式，对餐馆工作人员进行问卷调查（表 6）。

表 6　餐馆工作人员的调查问卷

编号	问题	选项（请在选项下画"√"即可）		
1	您知道调料有保质期吗？	A. 是	B. 否	
2	您认为餐桌上的调料会致病吗？	A. 是	B. 否	
3	您认为餐桌上的调料洁净吗？	A. 是	B. 否	
4	顾客对餐桌上的调料卫生状况满意吗？	A. 是	B. 否	
5	调料瓶是否可以做到每日一清？	A. 是	B. 否	
6	调料是否可以做到每日一换？	A. 是	B. 否	
7	卫生管理部门是否会对餐桌上的调料进行抽查？	A. 是	B. 否	
8	您觉得目前餐桌上的调料保存方式合理吗？	A. 是	B. 否	C. 未考虑
9	多少顾客会选用自取调料？	A. 少于 50%	B. 50%～59%	C. 60%～69%
		D. 70%～79%	E. 80%～89%	F. 90%～99%

四、研究结果

1. 查阅资料结果

（1）与本研究相关的国家标准

我上网查阅得知，餐桌上酱油、醋等单一调料的微生物检测按照拆封前的预包装的状态标准执行。根据《酱油卫生标准》（GB 2717—2003）、《食醋卫生标准》（GB 2719—2003），酱油中菌落总数不得超过 30 000 CFU/ml，大肠杆菌数目不得超过 30 CFU/ml；醋中菌落总数不得超过 10 000 CFU/ml，大肠杆菌数目不得超过 3 CFU/ml，致病菌（沙门、志贺氏菌等）不得检出。无对霉菌的卫生检测指标。

目前在《食品安全国家标准》中无对辛香料和混合调料（椒盐、辣椒酱等）的卫生评价标准。

《餐饮服务食品安全操作规范》（国食药监食［2011］395 号）第三十二条（八）规定："盛放调味料的器皿应定期清洗消毒"。

（2）微生物导致的食品安全问题

通过查阅文献还得知，以往发生的食品安全事故中，很多都是因为人们食用了被致病微生物污染的食物所致。据世界卫生组织统计，每年仅 5 岁以下儿童腹泻病就达 15 亿例次，造成 300 万儿童死亡，其中 70%是由各种致病微生物污染的食品所致。

2. 咨询专家结果

（1）咨询对象：国家食品药品监督总局杨建处长

时间：2017 年 3 月 16 日

地点：国家食品药品监督总局

问：餐馆餐桌上的调味品是否有国家标准?

答：国家规定只明确指出自助调味品不能检出致病性微生物，但更细致的微生物检验标准仍欠缺。

问：餐馆酱油、醋的分装问题是否有操作规范?

答：目前还没有相应的操作规范，相关部门正在协调促进相关标准的建立和实施。例如，要求调料一日一清、一天一换，采用环保材料、深色避光小开口调料瓶，分装调料前需洗手后方可操作等。

问：操作规范的作用是什么?

答：避免对自取调料造成人为污染。

（2）咨询对象：“李锦记”厂家

时间：2017 年 5 月 30 日

地点：家中（电话咨询）

问：酱油、醋等调料是否有保质期?

答：有，通常为 1～2 年。

问：开封后，酱油、醋等调味品的正确保存方式?

答：开封后的酱油、醋应在低温、避光、密闭容器中保存，并尽快食用。

（3）咨询对象：宣武医院细菌室闵荣主任

时间：2017 年 5 月 28 日

地点：宣武医院细菌室

问：什么原因会导致食物中毒?

答：微生物污染是导致我国致病食物中毒的重要原因。

问：微生物会在酱油、醋等高渗溶液中繁殖吗?

答：会。

问：微生物会在辣椒、花椒等辛香料中滋生吗?

答：会。

问：什么原因会导致致病微生物在调料中滋生?

答：可能有3种原因：第一种原因是不洁分装操作导致调料在源头上就出现了污染。第二种原因是餐馆盛放调料的容器不干净、没有按照相关规定进行清洗消毒、顾客来源复杂，对调料进行了二次污染。第三种原因是自取调料没有按照厂家规定的保存方法，敞口容器、常温放置、存放时间长都容易造成致病微生物滋生。总之，餐馆里的调料瓶使用频繁，如不定期进行清洗、消毒，就极有可能成为危害人们健康的"隐形杀手"。

3. 实验研究结果

（1）采样信息

表7　采样信息

实验编号	地点	餐馆	内容	采样信息	
				容器性状	目测、感官、性状
1	北京市海淀区成府路	××拉面	酱油	半密闭瓷壶	色、香、味、状正常
			醋	半密闭瓷壶	色、香、味、状正常
			辣椒面	敞口瓷小碗	色、香、味、状正常
2	北京市西城区闹市口中街	××面馆	酱油	半密闭塑料壶	色、香、味、状正常
			醋	半密闭塑料壶	色、香、味、状正常
			蒜汁	敞口金属盆	表面有泡沫、有杂质
3	北京市宣武区广安门内大街	××饺子馆	酱油	半密闭瓷壶型	色、香、味、状正常
			醋	半密闭瓷型	色、香、味、状正常
			辣椒面	敞口瓷碗装	颜色正常，有杂质

实验编号	地点	餐馆	内容	采样信息	
				容器性状	目测、感官、性状
4	北京市西城区新壁街	××饭馆	酱油	半密闭瓷壶	色、香、味、状正常
			醋	半密闭瓷型	色、香、味、状正常
			辣椒酱	敞口瓷碗装	色、香、味、状正常
5	北京市东城区王府井大街	××面馆	酱油	密闭玻璃壶	色、香、味、状正常
			醋	密闭玻璃壶	色、香、味、状正常
			辣椒酱	敞口瓷碗	色、香、味、状正常
6	北京市怀柔区青春路	××小吃	酱油	敞口瓷壶	颜色浅，酱香味不明显，有杂质
			醋	半密闭塑料壶	颜色浅、有杂质
			辣椒酱	敞口瓷碗	颜色正常，有杂质
7	北京市昌平区立水桥	××小吃	酱油	半密闭塑料壶	色、香、味、状正常
			醋	半密闭塑料壶	颜色浅、香、味、状正常
			辣椒油	敞口塑料盆	有杂质
8	北京市顺义区金马工业区中路	××麻辣烫	酱油	敞口塑料盆	颜色深、酱香味不明显
			醋	敞口塑料盆	颜色浅、味道淡、有杂质
			辣椒酱	敞口塑料盆	有杂质、苍蝇飞落
9	美廉美超市	李锦记	酱油	密闭玻璃瓶	色、香、味、状正常
10			醋	密闭玻璃瓶	色、香、味、状正常
11		金狮	酱油	密闭袋装	色、香、味、状正常
12		龙门	醋	密闭袋装	色、香、味、状正常

a. 半密闭壶型醋瓶

b. 敞口蒜泥汁

c. 敞口醋瓶和辣椒酱

d. 密闭性较好的酱油瓶

图 9　采样地部分调料

（2）容器洁净度

8 家餐馆，取样容器共计 24 份。清洁容器，4 份，占 17%；洁净度位于清洁与不清洁边缘，1 份占 4.1%；不洁容器，19 份，占 79.2%（图 10）。

图 10　容器表面洁净度检测为不洁容器

（3）餐馆调料污染及致病菌检出情况

表 8　餐馆调料卫生状况　　单位：CFU/ml

调料	实验编号	菌落总数	大肠杆菌	致病菌	霉菌
酱油	1	2 200	0	0	0
	2	22 300	100[a]	0	1 500
	3	38 000[a]	300[a]	0	2 700
	4	30 000[a]	200[a]	0	200
	5	1 800	0	0	0
	6	32 400[a]	50[a]	0	2 300
	7	33 800[a]	30[a]	0	0
	8	31 100[a]	400[a]	0	0
	9	700	0	0	0
	10	2 200	0	0	0
醋	1	6 000	0	0	0
	2	12 800[a]	0	0	0
	3	12 000[a]	20[a]	0	1 300
	4	6 000	30[a]	0	200
	5	6 500	0	0	0
	6	13 600[a]	100[a]	黏质沙雷菌	0
	7	11 300[a]	60[a]	0	0
	8	11 000[a]	40[a]	0	0
	9	400	0	0	0
	10	2 500	0	0	0
辛香料	1	4 500	50	0	0
	2	22 300	80	0	0
	3	29 600	50	0	0
	4	25 000	0	0	0
	5	33 300	100	0	200
	6	32 500	120	0	0
	7	33 900	60	0	0
	8	30 200	500	恶臭假单胞菌	0

注：a 为不合格。

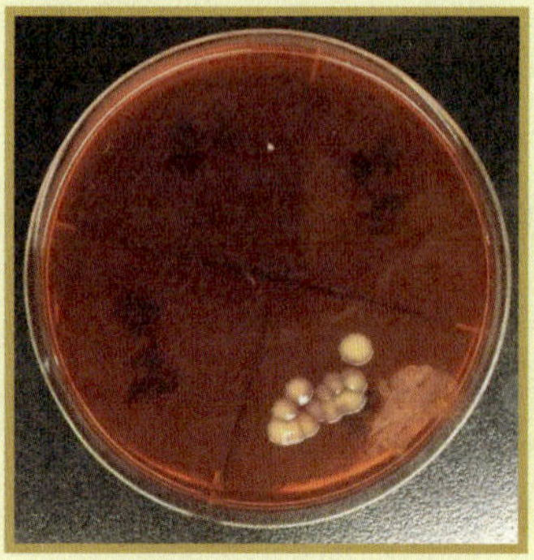

a. 肠道致病黏质沙雷菌

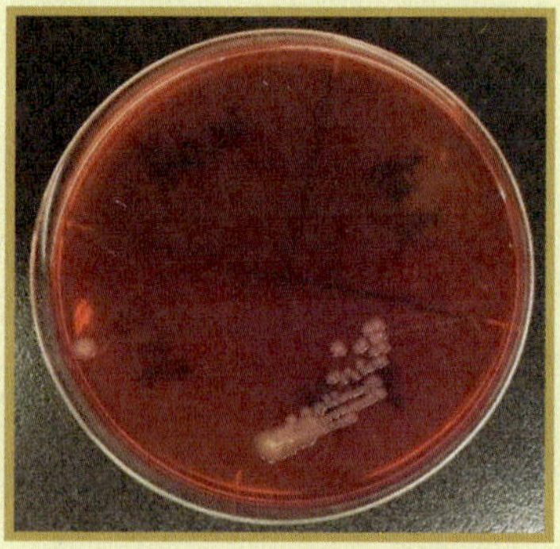

b. 肠道致病恶臭假单胞菌

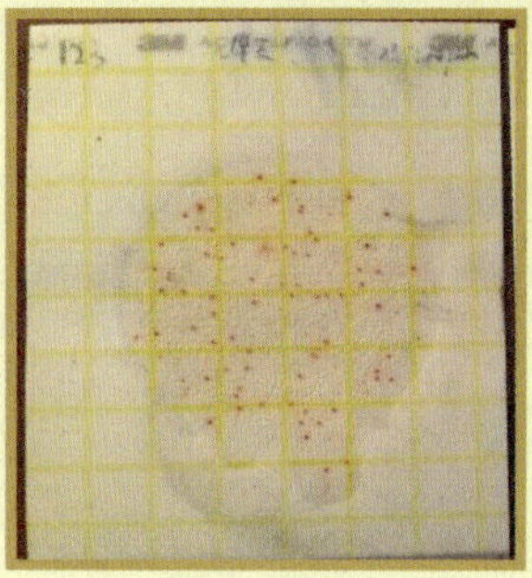

c. 餐馆采样调料菌落总数培养

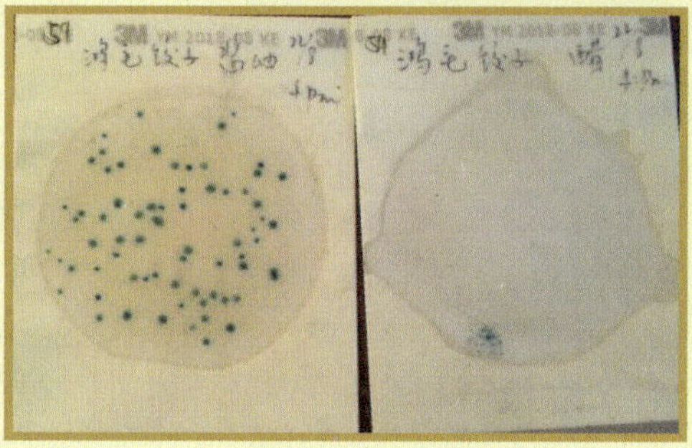

d. 餐馆采样调料霉菌培养

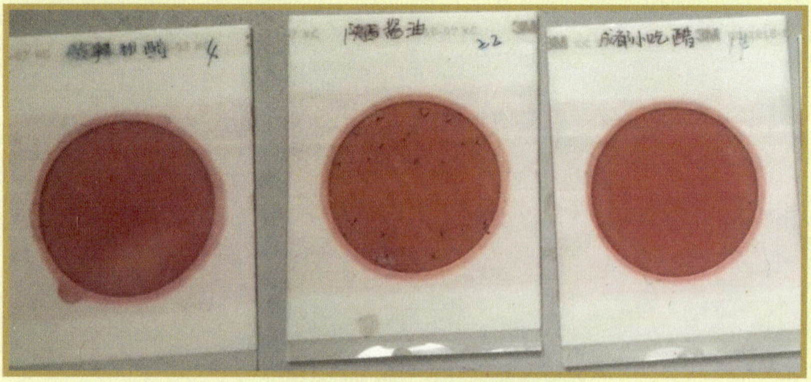

e. 餐馆采样调料大肠杆菌培养

图 11　餐馆样品细菌培养

（4）对照组调料污染情况

对照组按照不同的存放条件分组，两周后微生物情况（表 9）及变化率（图 12）。

表 9　对照组酱油、醋按不同存放条件 14 天后菌落总数、大肠杆菌、霉菌测试的测定

分组	存放条件			内容	pH 值	微生物指标/（CFU/ml）		
	操作	容器	温度			菌落总数	大肠杆菌	霉菌
1	无菌	密闭	常温	酱油	8.0	2 300	0	0
				醋	4.2	2 500	0	0
2	有菌	密闭	常温	酱油	8.0	5 600	0	0
				醋	4.2	4 300	0	0
3	无菌	开放	常温	酱油	8.0	2 700	0	100
				醋	4.5	3 500	0	150
4	有菌	开放	常温	酱油	8.0	12 800	0	300
				醋	4.5	16 000	0	600
5	无菌	密闭	低温	酱油	8.0	2 200	0	0
				醋	4.2	2 200	0	0
6	有菌	密闭	低温	酱油	8.0	3 800	0	0
				醋	4.2	3 800	0	0
7	无菌	开放	低温	酱油	8.0	2 600	0	0
				醋	4.4	4 500	0	100
8	有菌	开放	低温	酱油	8.0	5 800	0	0
				醋	4.2	11 200	0	0
初始状态	瓶装			酱油		700	0	0
				醋		400	0	0
	袋装			酱油		2 200	0	0
				醋		2 500	0	0

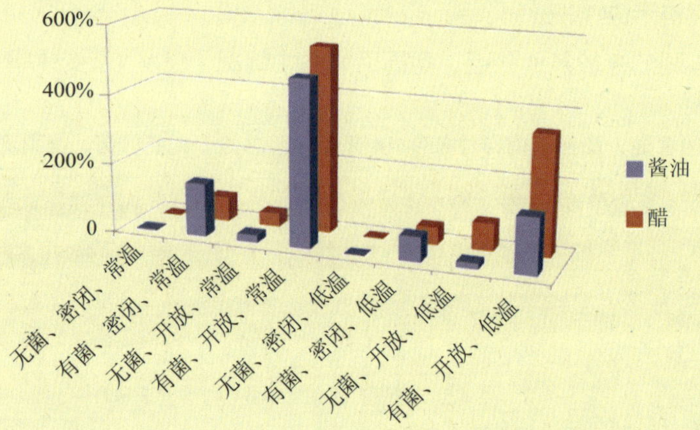

图 12　对照组酱油、醋按不同存放条件 14 天后菌落总数变化

4. 实地考察结果

餐馆自取调料食品安全问题不容乐观，导致调料污染的危险因素随处可见。

实地考察中，我们发现装盛自取调料的容器，通常为壶状、带盖子的瓶状或为敞口的非密闭容器，上面既未标明生产厂家也未标明保质期。个别调料瓶上甚至还停落着苍蝇，仔细观察，原本透明的调料瓶上有明显的污垢，拿在手里有明显的油腻感，闻起来，装醋的瓶里隐约有酱油味，看来曾混装过，揭开醋瓶时发现，上面有白色的漂浮物。盛在瓷碗里的大蒜表层都有明显的灰尘。

餐馆人来人往，人员复杂，我考察的 30 分钟内，先后有近 20 人使用了调料，大家共用调料瓶极易造成内容物的污染。我还观察到，当调料用完后，工作人员通常会在暴露环境直接加灌调料，有的服务人员刚打扫完卫生，就随手拿起塑料状调料袋往调料瓶里倾倒，随后，又随意将调料袋堆放在一起。有一次，我看到一个小孩恶作剧，将脏东西往自取调料里放，而却没有服务人员注意到。这些都提示我们自取调料的卫生状况不容乐观。

5. 问卷调查结果：八成餐馆服务人员缺少存放调料的科学知识

我们一共回收 102 份有效问卷，分析结果如图 13 所示。

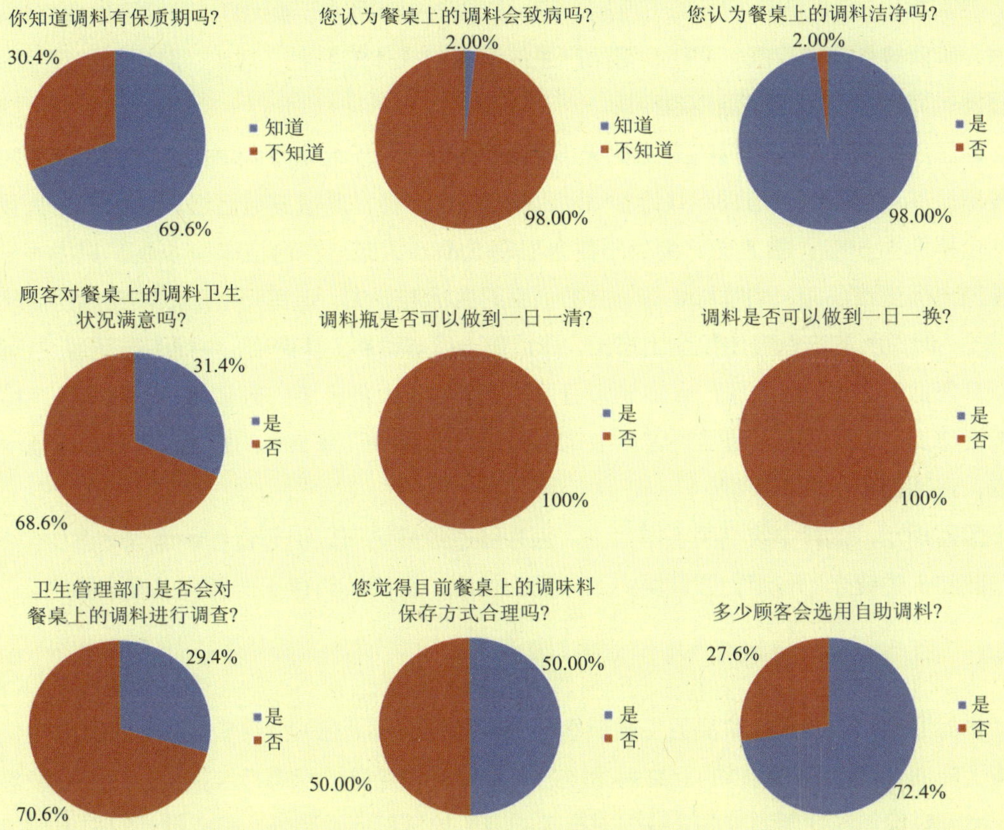

图 13　调查问卷结果

五、分析与讨论

1. 不干净的自取调料会导致食源性疾病，餐桌上调料存在严重的食品安全隐患

通过查阅资料，我得知尽管酱油的盐度和醋的酸度在一定程度上可以抑制细菌滋生，但随着细菌的变种和适应能力的增强，微生物仍旧可以造成酱油醋的污染。辛香料的生产工艺为：原料挑选 ⟶ 烘烤 ⟶ 磨碎 ⟶ 过筛 ⟶ 混合 ⟶ 包装 ⟶ 成品，餐馆将再将辛香料成品分装到餐桌调料瓶中，在整个过程中，手工操作多，二次污染严重。

专家指出，自取调料不经加热直接入口，如果微生物污染严重，即有可能导致食物中毒、腹泻、痢疾等食源性疾病。同时，霉菌产生的毒素对人体的肝脏、肾脏、肺以及神经、造血有损害，有的甚至引起霉菌毒素中毒。

为了了解餐馆自取调料的卫生状况，我随机抽取了位于北京不同城区的 8 家客流量较大的餐馆。本次检测的餐馆调料共计 24 份，其中酱油 8 份，菌落总数合格率为 25%，大肠杆菌的合格率为 50%；醋 8 份，菌落总数合格率 25%，大肠杆菌合格率为 50%，其中一份醋中检测出肠道致病菌；辛香料 8 份，由于国家卫生标准缺失，这里无法加以判断是否属于正常范围，但 50%的辛香料中检测出霉菌，并且在一份辛香料（辣椒酱）中检测出肠道致病菌。大肠杆菌数的高低，反映了对人体健康危害性的大小，大肠杆菌的数量与肠道致病菌污染的可能性成正比。我们的实验结果显示中式快餐馆自取调料只有 50%的酱油、醋符合国家卫生标准，说明卫生状况不理想。

国家规定，调料中致病菌不得检出，因为肠道致病菌可以引起食物中毒或肠道传染病，严重威胁人类健康，餐馆自取调料中致病菌的检出，说明调料存在严重食品安全隐患。

2. 目前有些自取调料缺少国家统一标准

食品卫生标准是规定食品卫生质量水平的规范性文件，在《食品安全国家标准》中，对餐桌上酱油、醋等单一调料的卫生指标按照拆封前的预包装的状态标准执行，只进行菌落总数、大肠杆菌和致病菌的检测，缺少对霉菌的卫生检测指标。另外，国家目前对辛香料只做罂粟碱类物质的抽检，缺少辛香料（八角、大料等）和混合调料（辣椒酱等）的卫生标准。

只有制定完善的调料卫生标准，才能为调料生产厂家和食品监管部门提供依据，从源头治理调料污染，更能为食物链的各个环节提供依据，强化监督，完善综合治理工作，使调料安全卫生成为可能。

3. 针对餐馆工作人员对调料“分装”的操作、自取调料的存放、容器标准化等各个环节的操作规范不完善

我查阅了《餐饮服务食品安全操作规范》，其中只有对调料瓶“定期清理”。由于餐馆将从市面购买的调料开封后，分装到小调料瓶“分装”操作，目前都在暴露环境下手工操作，没有防蝇防尘措施，没有必要的清洁消毒措施，特别容易造成调料的二次污染。食药监总局

的专家指出，为了保障消费者“舌尖上的安全”，应该制定一系列的操作规范，例如，操作者应洗手、佩戴口罩、在配有紫外线消毒灯分装间进行。盛装调料的容器应该为材料环保、深色、密闭性好。分装好的调料应低温保存。并且做到每日一换，调料瓶每日一清。但目前操作规范不完善，不规范的操作极易造成调料的污染。

为了从根本上了解调料污染的原因，我去超市购买瓶装及简装酱油、醋各一瓶，刚开封的瓶装酱油（李锦记）菌落总数为 700 CUF/ml，醋（李锦记）为 400 CUF/ml，简装酱油（金狮）菌落总数为 2 200 CUF/ml，醋（龙门）为 2 500 CUF/ml，大肠杆菌、致病菌均未检测出。微生物指标合格率为 100%。研究结果说明调料在出厂后、保质期内、开封前，卫生情况较好。

接着，我将酱油、醋分别倒入无菌敞口容器、无菌密闭容器、不洁净敞口容器和不洁密闭容器中，放置两周后比较调料中的菌落总数增长率，结果显示：调料中的菌落总数在不洁容器中明显增高，尤以在不洁敞口容器中，常温下，调料中的菌落增长率最为显著，在酱油中为 481%，在醋中为 540%，说明暴露的环境容易造成调料的进一步污染，并且细菌在温度适宜的条件下容易生长繁殖，造成了细菌数量的飙升。但我发现，醋中菌落总数增长率略高于酱油，这可能与醋在敞口容器中挥发，造成酸度下降有关。研究显示，调料常温、敞口条件下，霉菌增长也非常明显，在酱油中增长率为 300%，醋中为 600%。查阅资料得知，酱油和醋除含有大量适于细菌生长的水分外，还有较丰富的营养素。霉菌在适宜温度下，借助酱油和醋中的糖、蛋白质、氨基酸、有机酸等营养物质便会大肆繁殖。相反，将调料盛装在洁净密闭容器保存两周，无论是常温保存还是低温冷藏，菌落总数均无变化，这与调料厂家（李锦记）规定的存储条件相一致。

由此可知，清洁密闭的容器，科学的储存方法，可以在一定程度上改善调料卫生状况。

4. 餐馆自取调料食品安全危险因素随处可见，餐馆服务人员缺少相关知识

研究发现，八成的顾客就餐时会选用自取调料。自取调料不经加热直接入口，其卫生状况直接关系到顾客的身体健康，但多数餐馆服务人员对分装调料卫生操作和日常的清洁维护意识淡漠，缺少正确保存调料的知识。餐馆服务人员普遍认为，酱油含盐度很高，细菌不易滋生；辣椒、花椒、丁香等辛香料可以入药，在辛香料的储藏、分装过程中，服务人员对微生物的污染没有引起足够的重视，没有采取有效的控制措施。

5. 已有相关成熟解决方案，可以进行学习效仿

我们的实验中，"面爱面"等餐馆采用的密闭式调料瓶卫生状况较好。暑假我考察了一些西餐馆，发现那里对调料的取用实行了专人管理的办法。遇到顾客有添加调料的要求时会由专人送上，等顾客取用完毕后再拿走。这种成熟的科学方法值得借鉴和推广。

六、结论与建议

1. 结论

（1）不干净的自取调料会导致食源性疾病，中式快餐馆餐桌自取调料存在严重的食品安全隐患。

（2）目前对自取调料的卫生标准不完善，对餐馆服务人员将调料分装在调料瓶的安全操作规范也仍是个空白。

（3）标准的建立、规范的完善对改善中式快餐馆餐桌自取调料的食品卫生安全现状有积极的促进作用。

2. 建议

（1）建议国家卫生健康委员会作为《食品安全国家标准》的相关规定制定者，进一步完善调味料的食品微生物检测范围，将目前没有卫生标准的，如辛香料、混合调味料纳入检测对象，补充标准。

（2）建议国家食品药品监督总局将餐馆服务人员分装调料到小容器的操作规范、调料存储方法、容器标准化等各个环节内容纳入《餐饮服务食品安全操作规范》，并加强督查，推动餐饮服务行业严格自管自控。

（3）建议餐饮服务行业加强从业人员进行《食品安全法》学习，并建议媒体加强宣传，形成全社会共同参与监督的良好氛围。

七、下一步的工作方向

（1）寻找合作伙伴，扩大样本量，继续本研究

我利用自己的压岁钱购买的试纸和部分工具，只能做到小样本的研究，下一步需要继续扩大样本量，得出更科学、准确的数据。

（2）发明自动封口，环保材质，价格低廉的调料瓶。

八、收获与体会

1. 严谨求精的精神非常重要

在老师的指导下，整个研究的过程需要非常大的耐心，必须做到精益求精才能得出科学的结果，每次我遇到困难想要放弃时，都会想到姥爷对我的教诲：精雕细琢、严谨求精。这时我就会打起精神，继续研究。通过实验研究工作，我深深地佩服那些科技工作者。

2. 细节决定成败

（1）无菌观念很重要。实验时，有一次，一不小心手碰到菌落片，24 小时后观察发现有一堆细菌。为解决这个问题，我每次实验时特别注意无菌，都在实验室老师的指导下进行。

（2）后续实验的记录工作非常重要。实验前期做了大量工作，妈妈提醒我用专用的笔记本记录，记录好时间、地点、内容，随时记录，就不会忘。

（3）为了确保实验的严谨性，选择多个采样地点很重要。妈妈带我找了 8 个位置相对分散的采样点，尽可能地避免数据的偏倚。

3. 医学数理统计很重要

统计数据时，我特别找到询证医学处的博士进行讨论和辅导，得知要想得出科学的结果要采用科学的数据统计方法。不同的样本量需要采取不同的统计方法。

4. 老师的指导非常重要

虽说我有研究想法，但把这些想法通过实验论证并写出来却困难重重。老师帮我理清思路，指导实验的切入点，分析实验中出现的问题及原因，才有了今天的实验结果。锻炼了我的科学素养和总结能力，从一无所知到今天的成果，我感觉进步很大。

九、鸣谢

在论文完成之际，我真诚地感谢所有帮助过我的老师和专家，让我爱上了化学这门学科。感谢父母给予的支持和鼓励。感谢所有帮助过我的人！

参考文献

[1] GB 4789.2—2010，食品安全国家标准-食品微生物学检验-菌落总数测定[S].

[2] 缪杰，马惠香. 微生物在酱油、食醋生产过程中的作用和危害性[J]. 中国调味品，2006（2）：9-12.

[3] 陈梅，左泽彦. 贵州省酱油微生物检测结果及分析[J]. 山东化工，2015（44）：73-74.

[4] 朱晨. 国内外食品卫生微生物学标准设置比较[J]. 粮食与食品工业，2011（18）：47-50.

[5] 史丽洁，曲玲童，沈雪，等. 酿造酱油微生物标准的分析研究[J]. 中国酿造，2011（6）：58-59.

工作日志节选

第一篇：2017 年 2 月 14 日 星期二 天气：晴

今天是“情人节”，我家周边新开了一家“××涮肉”，这下可馋坏了我这个“美食家”。

餐馆面积不大，涮羊肉是传统的炭锅。晚上 7 点多，人已经满座。我只好和爸爸、妈妈一起坐在一边等位置。闲的没事，正好看看手机里的新闻，新闻里正报道——街边小摊调料卫生状况堪忧。我不禁环顾起涮肉馆的自助调料区。我发现：为了满足顾客不同口味的需求，在自助调料区配备了很多诸如辣椒油、酱油、醋等调料。可是，调料区卫生情况可不太好：很多调料瓶都是敞口的，大家共用调料瓶，瓶身上溅满污渍……

趁着等候的时间，我就和服务员聊起天来：“叔叔，您看这调料都是敞口的，多脏啊。”服务员热情地和我聊起来：“小朋友，包子有馅不在褶上，咱这调料都是秘制的，包你好吃！再说，酱油那么咸，可以腌咸菜呢，啥菌都死翘翘了。”

可能因为我爱钻牛角尖吧，我总觉得不放心。

我问妈妈，她说“不干不净吃了没病”，真的是这样吗？

第二篇：2017 年 3 月 19 日　周日　天气：晴转多云

一早，妈妈帮我联系了她的一个朋友，西城区疾病控制中心的白淑媛老师。

问：“白阿姨，我听我妈妈说，您是做食品检验的。我想研究餐馆调料的卫生状况，您能教我吗？”

答：“我们做食品检验，用的是专业培养基，检查微生物指标如菌落总数、大肠杆菌、致病菌。我回去帮你问问专家，看看有没有调料的国家标准。”

问：“国家标准是什么？”

答：“食品卫生国家标准是规定食品卫生质量水平的规范性文件，就像学生考试要 60 分以上才算及格。”

问：“那餐桌上酱油、醋有没有国家标准呢？”

答：“我帮你问问同事。”

阿姨随手给同事发了微信，不一会儿，同事就回复微信说："最新的《食品安全国家标准》里面有酱油和醋的出厂标准，餐桌上的卫生标准按照出厂时的标准检测。国家缺少辛香料的标准。"白阿姨还给我带了一些培养基，让我做实验用。

晚上妈妈值夜班，我和她来到宣武医院。经她介绍，我认识了检验科细菌室的医生。

"阿姨，您能教我做检测酱油、醋是不是卫生的实验吗？"

"当然。我们生活在细菌的世界，任何物体都是有菌的。例如，我们的口腔里就充满了细菌，当身体健康时，细菌与我们和平共处，但当身体抵抗力下降时，细菌就会乘虚而入，我们就会生病。食品也是一样，可以允许一定量细菌的存在，就像酸奶，靠的就是酵母菌发酵，但细菌量超标，食物就会变坏，所以国家根据不同的食品都会有相应的微生物标准。"

接着，阿姨用棉签在我的嘴里沾了一下，然后把棉签涂在培养基里，放在保温箱里，让我明天来观察结果。

第三篇：2017 年 3 月 20 日　周一　天气：小雨转阴

放学后，我带了一些家里的酱油。迫不及待地来到医院检验科找白阿姨。

我看见昨天白阿姨从我嘴里沾取的样品涂在培养基里长了一些白色的东西。白阿姨用小棍子捅了捅，然后，问我："最近感冒了吗？"

"上周我发烧了。"

"这就对了，你看，这个白色的东西黏黏的，像致病菌。"

然后白阿姨将样品放在一台神奇的电脑前，电脑上出现了一些条条道道，白阿姨说："你口腔里的细菌是肺炎克雷伯菌。"我问白阿姨是怎么知道的，她说："用咽拭子（无菌）在咽喉部涂抹，接种于培养基上，24 小时后生长出了草绿色链球菌和奈瑟菌，这两样都是我们口腔中的正常定植菌，但在其中出现了少量的肺炎克雷伯菌，这就是引起咽喉肿痛的致病菌。"

看着阿姨肯定的眼神，我无比崇拜，恳求她教我做实验。

阿姨有条不紊地将一个无菌管里放了 22.5 ml 生理盐水，又用移液器取了 2.5 ml 我从家里带来的酱油，充分混合，制成 1：10 的样品匀液。然后用移液器取 1 ml 的 1：10 样品匀液，沿管壁缓慢注入盛有 9 ml 生理盐水的无菌管中，做成 1：100 的样品匀液。接着用注射器吸取样品稀释液 1 ml 垂直滴加到中央的培养皿上。还用了一个双色的培养基，将样品在上面划线接种（阿姨说这是培养致病菌的）然后将酱油放在保温箱里，让我明天再来。

我着迷了，盼望着明天的到来。

第四篇：2017 年 3 月 23 日　周四　天气：小雨

放学后，我急忙来到医院看结果，昨天放在保温箱里的酱油样品已经 30 小时了。

到了揭秘的重要时刻，我屏住呼吸，打开保温箱，神奇的事情发生了，试纸上布满了小红点，阿姨说那是菌落，她帮我数了一下，说："菌落总数达到 32 000 CUF/ml，很高啊，你回去查查酱油的国标，比较一下。"

我晚上兴奋地将结果告诉了赵老师，老师似乎和我一样兴奋。让我查阅文献，看看既往是否有相关研究，以及酱油、醋、辛香料的国家卫生标准。

研究流程图

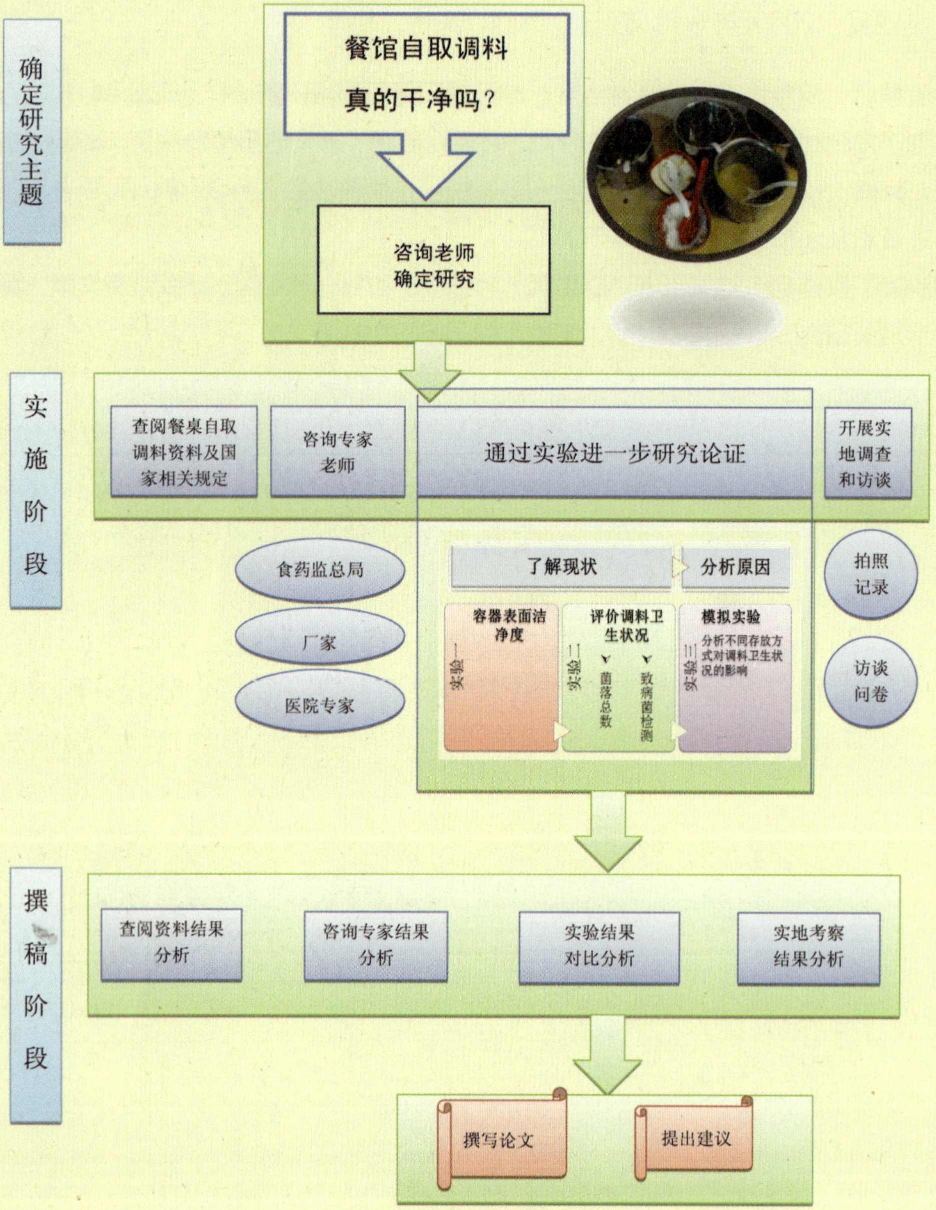
确定研究主题
餐馆自取调料
真的干净吗？
咨询老师
确定研究
实施阶段
查阅餐桌自取调料资料及国家相关规定
咨询专家老师
通过实验进一步研究论证
开展实地调查和访谈
食药监总局
厂家
医院专家
了解现状
分析原因
容器表面洁净度
实验一
评价调料卫生状况
实验二
菌落总数
致病菌检测
模拟实验
实验三
分析不同存放方式对调料卫生状况的影响
拍照记录
访谈问卷
撰稿阶段
查阅资料结果分析
咨询专家结果分析
实验结果对比分析
实地考察结果分析
撰写论文
提出建议